Manager public

Groupe Eyrolles
Éditions d'Organisation
61, bd Saint-Germain
75240 Paris cedex 05

www.editions-eyrolles.com
www.editions-organisation.com

© Groupe Eyrolles, 1993, 1996, 2001, 2005, 2011
ISBN : 978-2-212-54829-7

Frédéric PETITBON
Philippe LEDENVIC

Manager public

Vos solutions au quotidien

Cinquième édition 2011

EYROLLES
Éditions d'Organisation

Sommaire

Introduction

Quel beau métier que celui de manager public ! Métier porteur de sens, au service de l'intérêt général, ouvert sur le vaste monde – le service public retrouve durablement ses lettres de noblesse dans une société française qui a besoin de repères, apportés en premier lieu par la puissance publique. Métier très diversifié dans les relations qu'il entretient avec ses parties prenantes, élus comme bénéficiaires, entreprises comme associations. Et métier de relations humaines, métier où l'animation de ses équipes est toujours plus importante, et mieux reconnue – qui se rappelle qu'on ne pouvait pas parler de management il y a encore quelques années ?

Mais que de tensions, que de contradictions à gérer sur le terrain ! Faire comprendre à tel agent que la vision qu'il avait d'une carrière linéaire, au même poste ou sur les mêmes métiers de poste en poste, jusqu'à sa retraite, ne correspond plus au champ du possible. Continuer à réduire les moyens, d'année en année, alors même qu'il n'y a pas de choix explicite dans des missions trop nombreuses, non hiérarchisées. Conduire les changements nécessaires d'organisation, de méthode de travail, de qualité de prestation attendue par les citoyens bénéficiaires…

Tout ceci avec de moins en moins de marge de manœuvre, des exigences de reporting parfois délirantes, des collaborateurs plus exigeants et critiques, et l'impression de ne pas être soutenu et reconnu par ses autorités !

À cela s'ajoute le sentiment de solitude que connaît le manager de terrain, devant trouver lui-même les réponses à des questions qui dépassent souvent son niveau de responsabilité ou qui ne trouvent pas de référence dans son histoire personnelle.

L'ambition de ce livre est de partager des expériences, des grilles de lecture, des points de méthode développés par des managers publics pour faire face aux enjeux de ces responsabilités complexes. Nous l'avons centré sur quatre questions que nous considérons essentielles :

- « Comment construire une relation hiérarchique compréhensive, exigeante et explicite ? », parce qu'il faut répondre au besoin de repères qu'expriment les agents, et qu'il faut lui donner une forte exigence de service public ;

- « Comment dynamiser la vie de son équipe ? », parce que c'est par un « collectif tonique » que le manager public parviendra à faire face à des enjeux d'efficacité qui ne peuvent plus être traités dans un travail solitaire ou individualiste ;

- « Se recentrer sur les priorités publiques : comment faire vivre l'esprit de la LOLF au quotidien ? », parce que le service public a besoin d'objectifs clairs pour une performance renouvelée – et que ce sont les managers qui peuvent l'incarner au quotidien, à l'heure de son apprentissage progressif dans la fonction publique d'État ;

- « Comment réussir les démarches qualité dans le secteur public ? », parce que la qualité est probablement le meilleur moyen de penser concrètement les améliorations du service public sur le terrain, et d'obtenir l'adhésion et la motivation des agents dans les démarches de changement.

1

COMMENT CONSTRUIRE UNE RELATION HIÉRARCHIQUE COMPRÉHENSIVE, EXIGEANTE ET EXPLICITE ?

Aujourd'hui, les relations entre patrons et collaborateurs sont probablement l'enjeu central du bon fonctionnement de l'administration des années 2010. Bien sûr, les responsables d'encadrement ont été abondamment formés au management au cours des dernières années : l'importance des relations humaines n'a plus de secret pour eux, et certains sont devenus experts en technique et jargon managérial.

Mais ça ne suffit pas. Alors qu'on attendrait dialogue, confrontation, voire conflits sur les nouvelles formes d'organisation du travail, sur la nécessité d'en faire plus et mieux, on est surpris de trouver encore aujourd'hui trop de situations de fuite devant le commandement, l'absence de suivi individuel des agents... et une sous-utilisation assez générale des compétences.

Cette situation s'explique bien entendu par le système de gestion du personnel déresponsabilisant dans lequel évoluent les « responsables ». Elle se comprend surtout quand on voit la difficulté à partager le « nouveau contrat social » qu'il est maintenant indispensable de construire, avec l'équilibre à trouver entre les attentes des agents et les nouvelles exigences posées par une administration en réforme, en gains de productivité, en remise en cause des avantages acquis...

Pourtant, l'expérience de nombreux chefs d'unité montre qu'il est possible de sortir des clichés sur le manque de motivation des agents dans la fonction publique. Qu'il est envisageable de faire évoluer les situations personnelles. Qu'il est porteur de conclure de nouveaux contrats individualisés avec ses collaborateurs. Et que ceux-ci, bien sûr, s'en portent mieux.

Bien entendu, il ne s'agit pas d'appliquer des solutions toutes faites car c'est d'abord une question d'attitude personnelle. Et c'est parce que l'efficacité retrouvée d'une équipe passe, pour le responsable, par l'expression d'une exigence nouvelle – vis-à-vis de lui-même, vis-à-vis de ses équipiers – que ce chapitre explorera les manières de renouveler des relations hiérarchiques encore trop marquées par une négligence réciproque ou du moins, une attention insuffisante.

La fuite devant le commandement est-elle toujours d'actualité ?

Cadres débordés avec des collaborateurs sous-motivés ?

Dans une société schizophrène qui leur demande toujours plus, tout en dénigrant en bloc l'efficacité des fonctionnaires, nombreux sont les cadres administratifs qui se demandent pourquoi ils travaillent de plus en plus, avec parfois l'impression d'être les seuls à supporter le volume d'activité qu'on leur impose.

Compte tenu de la pression de leur hiérarchie et de leur environnement, la charge de travail qu'ils subissent est en effet en augmentation constante. Les lumières qui brûlent parfois jusqu'à des heures tardives dans leurs bureaux ne sont pas dues à un gaspillage de deniers publics mais à la nécessité de terminer, enfin, les dossiers les plus urgents quand il n'y a plus personne pour vous déranger et vous empêcher de travailler.

Ces cadres expliquent souvent que s'ils travaillent de plus en plus, c'est qu'ils subissent une forte pression : réduction des effectifs couplée à des urgences toujours plus urgentes, et l'impression de crouler sous le « rendu-compte » – les exigences de *reporting* trop complètes dans des délais impossibles que leur demandent leurs autorités de tutelle pour une question simple posée par leur responsable politique.

Et la charge de travail leur incombe directement : à eux de faire « tourner la boutique », d'assurer la continuité des missions entre une commande parfois déconnectée du quotidien et des collaborateurs qui n'accepteraient pas, ou avec réticence, le haut niveau de contribution indispensable aujourd'hui...

Que d'anecdotes en effet, véhiculées par les journalistes ou même les fonctionnaires, pour montrer que les « questions de motivation individuelle » n'ont pas disparu dans l'administration. Les bureaux vides à 15 h le vendredi après-midi, les agents qui refusent de prendre un message « parce que ce n'est pas de leur compétence », les « bras cassés » dont chacun se plaint, les périodes de congé et d'ARTT qui sont devenues tellement étendues qu'on ne peut plus planifier des réunions de service six mois de l'année : autant de poncifs qui correspondent peut-être à une réalité dans certaines administrations, mais permettent surtout aux responsables de témoigner de l'impossibilité de leur tâche.

Les très nombreux collaborateurs qui font bien leur travail posent un autre type de difficulté à leur responsable hiérarchique : comment ne pas les désespérer quand on sait ne pas avoir les moyens de récompenser leurs efforts ? Nombreux sont les cadres qui confessent préférer prendre eux-mêmes en charge un dossier plutôt que de pressurer des collaborateurs déjà surchargés, ou devoir batailler pour rétablir une distribution normale de la charge de travail au sein de leur équipe. Et de dénoncer dans le même temps l'archaïsme des règles de recrutement et de promotion, le manque de souplesse dans la gestion quotidienne des agents et le déficit d'effectifs qualifiés. D'où une charge de travail en augmentation pour les responsables.

Cadres propagateurs et victimes du système ?

L'observateur extérieur, par exemple le contractuel ayant travaillé dans le secteur privé, est pourtant surpris quand il entend les cadres se plaindre de cette situation. Comment ne pas avoir parfois l'impression qu'ils font tout pour être débordés ? Que leur surcharge de travail est aussi liée à leur souci, louable sûrement mais qui serait surprenant dans d'autres univers professionnels, de tout savoir sur tous les dossiers de leur unité ? Et surtout, que cette surcharge de travail serait aussi liée à un certain abandon de leur rôle hiérarchique...

Quand on analyse les relations que les responsables d'encadrement entretiennent avec leurs collaborateurs, on a parfois l'impression que persiste la fuite devant le commandement identifiée par les sociologues du CSO[1] au cours du siècle dernier... Et quand on entend des responsables parler des « bras cassés », on a en effet trop souvent l'impression que leur souci premier est d'éviter de demander directement une contribution quelconque à des collaborateurs qui ont été classés, à un moment donné, comme « irrécupérables » : « Il n'est pas bon, son travail n'est pas sérieux, mais ça n'est pas la peine de le lui dire, il le prendrait mal et de toute manière, ça ne sert à rien, je ne suis pas dans le privé, je n'ai pas de moyens de pression, je ne peux ni le récompenser ni le sanctionner. » ; « Il n'a pas réussi les concours qu'il voulait passer, ça l'a tellement démotivé, on ne peut pas lui en vouloir... » ; « Il est à deux ans de la retraite, on ne tirera plus rien de lui. », etc.

Absolument dé-bor-dée ! ou le paradoxe du fonctionnaire –
Comment faire 35 heures en... un mois !

Ce livre de Zoé Shepard (Albin Michel, 2010) raconte la vie d'une jeune fonctionnaire prenant son poste dans une collectivité territoriale. Elle explique comment sa motivation de départ se trouve en décalage avec le mode de travail de son administration : là où elle était prête à contribuer de manière forte à la constitution de dossiers complexes, son responsable n'ose pas lui demander une charge de travail minimale... Elle voit ses notes reprises par d'autres, sans que lui soit fait ni retour ni valorisation.

La collectivité où travaillait cette fonctionnaire s'est reconnue dans le pamphlet et a mis à pied son auteur.

Éviter tout conflit personnel serait la règle implicite qui permet de poursuivre la cohabitation avec des agents peu motivés jusqu'à ce qu'une providentielle mobilité vienne assainir la situation. Le jeu autour de celle-ci est une pratique bien rodée de contournement des difficultés (voir l'encadré ci-dessous). De l'évitement des problèmes au laxisme, il n'y a évidemment qu'un pas. Et bien sûr, le travail qui n'est

---

1. Centre de sociologie des organisations, laboratoire du CNRS fondé par Michel Crozier qui a notamment mis en évidence les réticences au face-à-face dans les organisations bureaucratiques.

pas réalisé par ces agents doit l'être par d'autres collaborateurs, ou par le responsable hiérarchique. Mais n'est-ce pas le prix à payer, si cela permet au service de fonctionner sans heurt ?

Comment assurer le renouvellement d'une équipe incompétente ?
Le témoignage d'Arthur

Ce chef de bureau dans l'administration centrale d'un ministère a pris un poste d'encadrement sur une thématique qu'il considère majeure et qui le passionne. Il dirige une équipe d'une dizaine de collaborateurs, agents de catégorie A pour l'essentiel. Son prédécesseur, resté peu de temps à ce poste, lui avait indiqué que le motif essentiel de son départ était la qualité inégale de son équipe – avec notamment trois catégories A en poste depuis de longues années, appréciant la localisation géographique dans le VIIe arrondissement de Paris et le statut professionnel donné par leur poste… mais en opposition passive vis-à-vis des souhaits d'évolution de politique pour le bureau.

Arthur explique l'approche qu'il a choisie pour faire face à cette situation :

• Rendre la vie impossible à deux de ses collaborateurs : en leur imposant des réunions à des horaires que ceux-ci souhaitaient voir préservés ; en étant précis dans les commandes passées et dans les délais, avec une mise en scène de colères de sa part quand ceux-ci n'étaient pas respectés ; en mettant une distance hiérarchique forte dans les relations, là où la pratique était plus à la proximité. Résultat : les deux agents demandent et obtiennent un changement de poste.

• Faciliter la promotion d'un troisième, promotion en aucun cas justifiée par un investissement particulier, des compétences exceptionnelles ou des résultats démontrés par cet agent considéré par ses pairs comme sympathique, mais réservant son énergie à l'association qu'il présidait en dehors du travail. Mais promotion rendue possible par un dossier personnel de l'agent sans taches, avec un parcours sans aspérité… Arthur mentant par omission en recommandant cet agent au responsable hiérarchique lui demandant ce qu'il en pensait…

Arthur explique qu'il n'avait pas le temps de s'engager dans une autre approche, qui aurait été d'investir dans une démarche managériale avec ces collaborateurs pour « redresser le tir » et « mettre tout le monde à bord ». Ses raisons : « Ça m'aurait demandé trop de temps. Et j'avais absolument besoin de faire avancer mes dossiers vite. En plus, il y avait deux agents avec qui j'avais travaillé dans mon poste précédent qui étaient prêts à me rejoindre à ce poste. »

Conclusion de l'histoire d'Arthur ? En positif, avec l'arrivée de ses deux nouveaux collaborateurs, la mini-équipe constituée a travaillé jour et nuit et a effectivement obtenu de très bons résultats. Mais quel gâchis, avec la frustration des agents qu'Arthur a fait partir ; la mauvaise humeur du collègue à qui il a refilé le collaborateur peu inspiré – il s'en souviendra à l'avenir ! – et le manque de mise à contribution des autres équipiers du bureau...

Et pourtant quand on regarde du côté de « l'offre », en interrogeant les agents, comment ne pas avoir l'impression qu'ils sont bien souvent sous-employés plutôt que sous-motivés ? Combien de cadres A se plaignent ainsi d'être mal utilisés par rapport à leurs compétences et combien d'agents sont lassés par le manque d'intérêt de la hiérarchie pour leur travail et par l'impression qu'on ne leur fait pas confiance ?

Ne nous leurrons pas : les attentes d'une plus grande implication ne sont évidemment ni générales, ni exemptes d'ambiguïtés de la part des agents qui les expriment. Pourtant, le sentiment de gâchis est omniprésent dans l'administration : gâchis de compétences existantes, gâchis de potentialités, pesanteur de la routine, du *statu quo*. D'autant que le niveau monte constamment : quelles sont les très grandes entreprises qui peuvent aujourd'hui comparer le niveau moyen de formation de leur personnel à celui de l'administration ? Le risque est évidemment qu'à trop ignorer ces réalités nouvelles, le système ne produise de plus en plus de collaborateurs surqualifiés et sous-motivés, investissant ailleurs leur temps et leurs talents.

Faut-il un « adjoint management » pour les directeurs d'administration centrale ?
Un débat parmi les cadres d'un ministère

Ces cadres d'administration centrale ont participé à une table ronde sur les acquis et points sensibles de la modernisation du ministère. Un point clé ressort de leurs échanges : « Il faut une implication forte de la haute hiérarchie dans le management des services. » Mais comment faire ? Leur impression est que les directeurs d'administration centrale sont totalement accaparés par les commandes du cabinet et les relations avec les conseillers techniques : « Ils ne regardent qu'en haut », au lieu de penser management...

Que faut-il faire ? Le débat est vif entre les participants à la table ronde. Pour certains, une seule solution : nommer des « adjoints management », qui seraient en charge de la vie de l'administration, du bon suivi des objectifs, du management des équipes, de la conduite du changement. Pour d'autres, une telle solution serait absurde : il est dans l'essence même du travail de responsable d'assurer le management de ses équipes.

Le débat montre en tout cas que les enjeux sont ailleurs que dans le management des équipes… et on comprend qu'il est difficile à un cadre intermédiaire d'assumer seul ce rôle de management quand tous les exemples donnés par ses supérieurs hiérarchiques démontrent que « ce n'est pas ça qui compte » !

L'expertise individuelle et le statut contre l'efficacité collective

Dans l'administration, la compétence personnelle du cadre, telle qu'elle s'exprime dans ses relations avec ses supérieurs et dans sa capacité technique, demeure le critère primordial d'évaluation et de promotion – le mode de management de l'unité étant souvent mis au deuxième ou au troisième plan.

Toutes les enquêtes réalisées auprès des hauts fonctionnaires de l'État montrent que le critère de promotion perçu comme essentiel réside, outre le statut de l'individu, dans sa capacité à maîtriser les tenants et aboutissants d'un dossier, à le présenter de manière convaincante en réunion à haut niveau, bref, à montrer son expertise personnelle et sa capacité à répondre vite à la demande. Le fonctionnaire d'administration centrale qui réussit est dès lors celui qui a des relations fréquentes avec ses supérieurs et parvient à répondre à n'importe quelle « colle » du cabinet du ministre.

Celui qui, à l'inverse, sera insuffisamment attentif aux sollicitations venues d'en haut, trop absorbé dans la gestion de son unité et des affaires courantes, aura fait preuve de son « manque de bouteille » et de sa capacité limitée. C'est ici la compétence personnelle du responsable qu'on juge et non l'efficacité de son unité.

Sur le terrain, les marges de manœuvre sont plus grandes mais le raisonnement est le même : le cabinet du maire et les élus exercent la même emprise sur les cadres des services déconcentrés ou des collectivités territoriales. Car il ne s'agit pas de carriérisme, mais de reconnaissance professionnelle.

Bien sûr, la capacité du responsable à « écouter » ses chefs politiques, et ensuite, à répercuter la commande en langage technique, est fondamentale – et les cadres n'arrivent pas toujours à « penser politique » et à comprendre le sens d'une commande politique. Mais cette compétence particulière ne doit pas conduire à négliger l'importance des capacités managériales, trop souvent peu prises en compte dans l'évaluation du cadre.

Qu'on aspire à une carrière rapide ou à approfondir un « métier » personnel, voire à « pantoufler », c'est toujours le modèle de l'expertise individuelle qui domine, modèle qui trouve sa valorisation à l'extérieur de l'unité. Que ce soit auprès des responsables hiérarchiques, de réseaux professionnels, ou par le développement d'un « clientélisme » personnel, on « oublie » la gestion des collaborateurs et de l'équipe de travail.

L'État essaie de corriger pour les excès d'une culture d'évaluation trop exclusivement centrée sur cette compétence technique, par exemple, en introduisant de manière explicite une composante « management » dans l'évaluation des hauts fonctionnaires, qui voient une partie de leur rémunération varier selon le management de l'unité pilotée par le titulaire.

Le manque de « leviers » pour les responsables de terrain

Les systèmes catégoriels et statutaires de la fonction publique n'ont évidemment pas été établis pour empêcher les responsables de terrain d'agir. Ils sont le plus souvent revendiqués et protégés par les organisations syndicales, qui expliquent leur nécessité pour protéger les agents contre les excès possibles des « petits chefs ».

Mais quelles difficultés pour le management de terrain ! Du jour au lendemain, tout responsable peut perdre ses meilleurs collaborateurs sans même être consulté sur le préavis ou sur le remplacement possible, et il peut en contrepartie avoir à intégrer des agents sur lesquels il n'aura eu aucun mot à dire. Aucune reconnaissance n'est possible pour des équipiers travaillant manifestement au-dessus de leur description de poste. Les rémunérations variables sont soumises à de complexes systèmes de péréquation et à la surveillance précise des syndicats. Au final, dans les fonctions publiques, lors des mutations, ce sont au moins autant les collaborateurs qui choisissent leurs supérieurs que l'inverse…

Pour éviter les ennuis, les directions font aujourd'hui passer le message de la gestion des ressources humaines, le « pas de vagues » demeure en musique de fond. Un responsable d'encadrement qui ne jouerait pas le jeu et dirait crûment ce qu'il pense à un agent dont le comportement a été insatisfaisant, par exemple en baissant sa note administrative, déploierait une grande débauche d'énergie sans être sûr de parvenir à imposer son point de vue en bout de course, avec le risque d'être jugé comme trop partial et dérangeant par ses supérieurs, voire responsable de harcèlement !

Toutes ces caractéristiques du système administratif font qu'il est difficile d'investir dans le management auprès de ses collaborateurs, de développer leurs compétences, d'accroître les délégations... et que l'on comprend que les sociologues voient parfois les comportements de prudence ou de fatigue des cadres comme une « fuite devant le commandement ».

La relation managériale devient une priorité pour les responsables d'encadrement dans les années 2010

Quatre phénomènes majeurs vont en effet obliger les responsables hiérarchiques à changer l'ordre des priorités et à mettre le management en « haut de la pile » :

- Tout d'abord, la contrainte forte des moyens. La crise des années 2008-2010 a clarifié le contexte, si besoin était : la réduction des moyens des administrations est un impératif catégorique, quelle que soit l'équipe politique en charge. Bien sûr, pour certaines administrations, « l'effet rabot » a été indolore dans un premier temps, compte tenu de réelles marges de productivité. Mais cette poursuite de la réduction des moyens et des effectifs face à des missions jamais revues à la baisse va imposer un changement complet de raisonnement : comme dans l'industrie, la notion de « collaborateur improductif » n'est plus acceptable. Ayant perdu leurs marges de manœuvre quantitatives, les responsables hiérarchiques vont devoir rechercher une efficacité accrue de chacun de leurs collaborateurs, ce qui ne sera possible que par un management différent.

• L'arrivée de collaborateurs de la génération Y, souvent surqualifiés par rapport à leur poste ou à leur statut, est par ailleurs déterminante. Qu'il s'agisse d'agents de catégorie B disposant d'une formation équivalente à celle du responsable d'équipe, ou de contractuels surdiplômés à la recherche d'un métier, les conséquences sont les mêmes : ces agents, qui constituent un potentiel de dynamisation considérable pour l'administration, ne supportent plus le mode de commandement qu'ont connu leurs aînés.

• Bien sûr, l'impact de la société du « web 2.0 » conforte cette mise sous tension – en transformant le mode relationnel au sein des équipes, avec toutes les possibilités de contact direct avec l'extérieur et, en tout cas, la suppression du commandement par la maîtrise de l'information qui justifiait trop souvent une fausse valeur ajoutée de l'encadrement.

• Enfin, et ce n'est pas une lapalissade, la complexité croissante des problèmes abordés par l'administration : il ne s'agit pas seulement de maîtriser des procédures ou des techniques standardisées, mais de faire face à des situations souvent ambiguës, impliquant des décisions incertaines, avec des partenaires multiples et des compétences techniques toujours plus pointues. Dans ce contexte, le responsable ne peut plus s'en sortir seul et a besoin de constituer autour de lui une équipe avec des compétences complémentaires, ce qui lui impose de transmettre ses propres savoirs.

Quel contrat pour la génération Y ? Un défi pour le management des cadres A dans l'administration !

Inventée en 1993 par le magazine Advertising Age, l'expression « génération Y » désigne la génération qui suit la génération X (née approximativement dans les années 1960 et 1970). Les Américains utilisent également l'expression « digital natives » pour souligner le fait que ces enfants sont nés avec un ordinateur. La génération Y regroupe en France environ treize millions de personnes, soit un cinquième de la population. Il s'agit de la génération la plus importante depuis la génération du baby-boom. Elle va constituer sous peu la génération dominante au sein de l'entreprise.

Objet d'étude sociologique et sujet d'interrogation pour les médias, la génération Y met en évidence la diversité des attentes vis-à-vis de l'entreprise et l'émergence de modèles alternatifs aux carrières à long terme connues par ses parents... Si on reprend les tendances issues des études sur cette génération – avec bien sûr les limites propres à une généralisation qui ne recoupe pas la diversité des profils et des attentes – ses intérêts et préoccupations ont en effet des conséquences immédiates sur la vision du contrat.

Cette génération Y est souvent décrite comme plus ambitieuse et plus opportuniste que les autres classes d'âge. Elle ne semble cependant pas vouloir entrer dans une logique de sacrifice de sa vie privée au profit de sa vie professionnelle. Elle est très imprégnée par le principe du donnant-donnant, ce qui n'est guère surprenant pour une génération qui a baigné dès son plus jeune âge dans une culture de consommation.

Très attentifs à disposer d'une véritable liberté du choix – « Je ne veux pas me faire enfermer dans des contraintes *a priori*, ni dans les schémas de long terme auxquels ont cru mes parents, souvent à leurs dépens » –, les membres de la génération Y sont également très sensibles une culture du « deal » : « Dans quelle mesure ce qu'on me propose vaut ce qu'il m'en coûte pour l'obtenir ? »

Cette génération reconnaît à ses collègues plus âgés l'expérience et le savoir-faire de la séniorité. Aussi, elle attend de leur part une écoute, un soutien et un accompagnement individualisé pour réussir son propre développement personnel. Sensible au fonctionnement des réseaux sociaux, elle valorise fortement chez les plus expérimentés la connaissance des personnes clés et la capacité de les orienter ou de les mettre en relation avec les détenteurs de l'information ou des ressources.

Élevée dans un monde connaissant des changements importants et rapides, la génération Y est marquée par un rapport au temps court, et elle arrive avec des attentes bien à elle. Sans désir de se projeter dans un futur lointain, elle vit sur le court terme et s'adapte de façon permanente, c'est pourquoi, dans l'entreprise comme en collectivité territoriale, elle veut avoir son mot à dire dès le premier jour. Elle est réticente aux règles et elle revendique…

Cette génération a été habituée à être constamment connectée et à accéder rapidement à tout type d'informations. Elle attache de l'importance au potentiel de chacun et à la force des alliances au sein de réseaux affinitaires ou professionnels. À tout niveau de responsabilité, elle réclame le droit de gérer l'information pour faciliter et enrichir son travail : elle trouve naturel de travailler comme elle l'entend et veut avoir un impact sur son environnement de travail. Encore faut-il que son enthousiasme ne soit pas étouffé par des contraintes, inutiles à ses yeux, et imposées par l'organisation.

La génération Y attend de trouver du sens au travail. Elle a besoin de savoir à quoi elle contribue et constater le résultat de son action. Dans ce cas, elle peut être très réceptive aux critiques et aux suggestions d'amélioration.

L'espace de travail n'a plus de frontière (entreprise ou maison) et il est ouvert sur le virtuel (espaces collaboratifs, réseaux, etc.). Avec le développement du nomadisme, le bureau devient un lieu d'échange social où l'on renforce son sentiment d'appartenance. On travaille en réseau et de façon moins pyramidale ou hiérarchique, pour pouvoir débattre, échanger, enrichir... bref, retrouver dans le travail les réflexes acquis avec les médias sociaux sur le net.

Ces éléments illustrent une attente contractuelle forte, plus explicite que celle avec laquelle ont vécu leurs parents. Culture du « deal », exigences de sens et d'investissement affectif demandant un travail en profondeur sur le contrat à établir avec sa hiérarchie, avec des dimensions à traiter comme, par exemple :

- le respect de l'autorité : l'autorité formelle n'est pas reconnue. Tout comme le respect se gagne, l'autorité doit être reconnue par ses compétences ou plus largement par ce qu'elle apporte aux collaborateurs ;

- le respect des règles : là encore, appliquer une règle juste parce que c'est une règle n'est pas acceptable. Il faut à cette règle une vraie légitimité, un sens qui s'impose dans le quotidien de l'action, pour qu'elle suscite l'adhésion ;

- la progression de carrière : le travail est considéré comme une succession d'expériences (et surtout, le travail à vie dans une entreprise n'est plus d'actualité). Ils veulent en conséquence savoir avant tout ce qu'ils peuvent obtenir sur le moment présent et non dans un avenir plus ou moins lointain ;

- la relation de travail : elle doit être individualisée et personnalisée. Habituée à être au centre de l'attention en tant que consommateur, avec un marketing à dominante *one-to-one*, ou à interagir dans une relation plus directe avec les réseaux sociaux, la génération Y attend une relation du même ordre vis-à-vis de son management. Répondre à cette attente de gestion individualisée est un puissant stimulant pour cette génération et permet d'accroître son engagement.

Les administrations sont souvent désarmées face à cette génération Y, quand elles sont perçues comme impersonnelles dans leur gestion de carrière, statutaires dans leur management hiérarchique et sans ouverture vers d'autres réseaux que celui de l'organigramme... Le risque d'un défaut d'adaptation à cette culture de la génération Y est évident : vouloir faire entrer dans le moule les récalcitrants va conduire au mieux à de la démotivation et des conflits, au pire à un *turn-over* important – ce que remarquent les collectivités territoriales en concurrence pour le recrutement ou la fidélisation de leurs cadres, par exemple en Île-de-France.

Voici quelques pistes qui se développent sur le terrain pour mieux intégrer cette population :

- la sensibilisation, l'information et la formation des « vieilles générations » aux réactions de cette génération Y et à « comment la traiter » : jusqu'où faut-il accepter une tenue débraillée en réunion avec les élus ? Comment réagir face à une prise de parole déplacée en réunion de service ? Ou à l'inverse, comment mobiliser une compétence en « blogcommunication » dont la collectivité est dépourvue ;

- le parrainage par un « jeune ancien », suffisamment proche en génération pour être crédible, qui échange régulièrement avec le nouvel embauché et qui lui permet de décrypter ses surprises et de les mettre en perspective… Très utile, pour autant que la hiérarchie l'accepte ;

- la définition de « contrat court » pour le jeune à l'embauche. Ce contrat est signé en trio associant le jeune, son responsable hiérarchique et la DRH : le « contrat à six mois » est explicité (ce que le jeune aura appris, ce sur quoi il sera testé) et les opportunités sont données pour les six mois suivants… sous réserve, bien sûr, du bon déroulement de la première période ! Le jeune apprécie la clarté du contrat et cela permet à sa hiérarchie d'être explicite dans son mode d'évaluation dès le départ, ainsi que sur l'accompagnement qui lui sera proposé ;

- l'acceptation d'une expression plus libre de façon générale, fondée sur l'échange entre adultes, sans oublier de rappeler les fondamentaux chaque fois que nécessaire : chacun a son mot à dire, jusqu'à ce que la décision soit prise, qu'elle soit technique ou, *a fortiori*, politique. Il ne suffit pas de demander, il faut convaincre, et à défaut, expliciter le sens de l'arbitrage ou du désaccord.

L'appel d'air du discours managérial

Le discours général sur les relations hiérarchiques et le rôle du responsable d'encadrement a en effet profondément évolué au cours des dernières années, grâce aux différents programmes de modernisation qui ont montré une certaine continuité en la matière. Tout le monde est désormais d'accord sur l'idée d'une nouvelle donne dans le dialogue social au quotidien, sur la nécessité d'une délégation accrue dans les relations hiérarchiques, laissant plus de marges de manœuvre aux responsables de terrain.

Bien sûr, ce n'est pas cet accord général qui, en soi, transforme la réalité de l'action sur le terrain, mais il traduit l'évolution des raisonnements, et incite les responsables à agir : ils peuvent maintenant le faire avec la certitude qu'ils seront en phase avec leurs collègues.

Les projets de service, permettant à tous les agents de s'exprimer, ont été une avancée importante à cet égard. Ils ont été relayés par d'autres méthodes participatives, groupes de travail et cercles de progrès divers : en tout cas, après avoir lancé le débat sur les relations hiérarchiques, on se rend compte que rien ne peut plus être tout à fait comme avant, les chefs d'unités sont mis eux-mêmes dans un processus qui va les obliger à changer. Petit à petit, ce nouveau contexte permet aux responsables de retrouver le sens des relations avec leurs collaborateurs.

De nombreux ministères, collectivités territoriales et établissements publics se sont par ailleurs engagés dans des démarches d'ensemble visant à faire évoluer les conditions du dialogue hiérarchique :

- les entretiens annuels (voir encadré ci-dessous) se sont largement diffusés ;

- la place des réalisations managériales dans l'évaluation des hauts responsables a été explicitée, avec des impacts directs dans leur carrière comme dans leur rémunération variable ;

- enfin, pour les responsables eux-mêmes, la pratique de contrats individuels, lettres de mission ou autre plan d'action individualisé négocié avec le niveau supérieur à l'occasion de la prise de poste a été l'occasion de recentrer la fonction du chef d'unité sur son rôle de commandement et d'animation.

Les entretiens annuels – Un point de passage indispensable, même s'il est difficile à faire vivre dans la durée

L'administration a engagé un effort considérable depuis quelques années pour faire vivre les entretiens annuels.

D'une part, les directions des ressources humaines ont toiletté les dispositifs existants, pour prendre de la distance par rapport au processus de notation, souvent formelle et sans valeur ajoutée. Par l'entretien annuel, il s'agit d'avoir un vrai échange avec l'agent sur ses réalisations professionnelles, sur ses attentes et ses préoccupations – et pour le responsable, de donner un retour factuel à son collaborateur.

D'autre part, les administrations ont renforcé les marges de manœuvre mises à disposition des responsables pour valoriser la performance – que ce soit sous la forme d'avancement accéléré de carrière (passage d'échelon, etc.) ou sous la forme de primes liées aux résultats.

Par ailleurs, des démarches de formation action ont été déployées permettant aux responsables d'encadrants de travailler les situations d'entretien et leur préparation ; certaines administrations ont de même proposé des formations aux agents « collaborateurs ».

© Groupe Eyrolles

Cependant, tout n'est pas rose dans ce domaine... notamment dans les contextes de collectivités territoriales où les agents sont très stables en poste, sans possibilité ni volonté d'évolution – et pour les services de l'État, où les réorganisations limitent parfois considérablement les possibilités de carrière, sans parler des contraintes budgétaires établies pour les rémunérations variables.

Alors, certains baissent les bras... et reviennent à un exercice formel trop vite expédié. Non, courage ! Cet exercice est vraiment un moment de face-à-face, d'écoute, d'échange de fond à l'écart du quotidien qui ne peut pas être laissé de côté.

GUIDE D'ACTION : POUR UNE RELATION HIÉRARCHIQUE COMPRÉHENSIVE, EXIGEANTE ET EXPLICITE

Au-delà de ces innovations institutionnelles – indispensables mais insuffisantes en elles-mêmes pour changer le climat dans les « unités de base » – ce qui manque, c'est une pratique plus systématique, plus quotidienne d'une exigence dans la relation hiérarchique. Exigence, comme responsabilité, est un mot aux multiples facettes : exiger, c'est attendre de chaque agent qu'il remplisse sa part du contrat, ce qui peut impliquer un recours à l'autorité. Mais la notion d'exigence va bien au-delà, elle porte une forte notion de qualité, l'attente d'une expression optimale des compétences de chaque agent, et la recherche du meilleur dialogue hiérarchique – on devrait dire professionnel – possible.

Mettre en avant cette notion, c'est souligner qu'il n'y a pas de contradic-tion – bien au contraire – entre la performance au quotidien d'une équipe et la possibilité pour chaque membre de cette équipe de connaître son évolution propre, car tous n'ont pas les mêmes attentes, ni les mêmes possibilités.

Mais avant d'aller plus loin, quelques précautions sont à prendre. Dans ce domaine de la gestion des hommes, il faut en effet éviter les stan-dards quant aux méthodes à mettre en place, ou aux approches à utiliser. Quoi de commun entre la direction de chercheurs hautement qualifiés et l'animation d'une équipe d'agents administratifs de caté-gorie C effectuant des tâches de gestion répétitives ? La diversité des types d'activité dans l'administration laisse ainsi la place à de nombreux styles de management.

C'est la raison pour laquelle ce guide d'action ne s'attardera pas sur des méthodes ou des outils ponctuels qui s'avéreraient inappropriés à la plupart des contextes, mais s'engagera plutôt sur le sens qu'il s'agit de redonner aux relations entre patron et collaborateurs.

La gestion des hommes ne dépend pas, en effet, de trucs ou de méthodes, mais d'une bonne appréhension des situations et d'attitudes adaptées pour y répondre. Or, si l'art de la situation est un talent indiscutable de fonctionnaires, la grille de lecture sur laquelle il se fonde est de plus en plus éloignée de la réalité en matière de gestion des ressources humaines : on pense sous-motivation des agents alors qu'il s'agit en réalité de sous-utilisation, on croit faire de la délégation alors qu'il s'agit en fait de négligence.

Exprimer ses exigences de responsable, c'est donc progresser dans deux domaines principaux, développés dans les pages suivantes :

• apprendre à agir sur le comportement des collaborateurs, en développant des relations d'échanges et en se fondant sur une analyse nouvelle des facteurs de motivation ;

• former les collaborateurs à l'exercice de la responsabilité, afin de concilier autonomie individuelle et efficacité de l'équipe.

Commander, c'est d'abord exprimer vos exigences de responsable !

Si l'on parle tant de management et du rôle des responsables d'encadrement, c'est que le problème numéro un de la fonction publique est désormais de faire évoluer rapidement les comportements d'un grand nombre d'agents, dans un contexte budgétaire et social défavorable : faute de pouvoir convaincre leurs troupes eux-mêmes, ou même de comprendre pourquoi elles ne suivent pas, hommes politiques et dirigeants ne manquent pas une occasion de rappeler que c'est là le rôle de l'encadrement !

Le problème est pratique avant tout : faire évoluer les comportements et les méthodes de travail, même pour les adapter aux nouvelles exigences des clients, usagers et partenaires, suppose de trouver de nouveaux ressorts concrets – et autres que financiers – à la satisfaction des agents de l'administration.

D'où les discussions qui s'engagent sur la notion de motivation. Notre propos dans ces pages est de montrer que le débat sur la motivation est souvent mal posé : on la recherche trop comme un but en soi, alors que le but ne peut être que l'efficacité. D'où de nombreuses déconvenues. En partant d'une analyse plus individuelle des enjeux des collaborateurs, dans chaque équipe, on pourra à la fois formuler des exigences, exprimer son rôle hiérarchique, et mettre les agents dans des situations plus motivantes, où ils verront l'intérêt qu'il y a pour eux d'agir autrement.

Les erreurs courantes sur la motivation dans l'administration

S'il est un domaine où les clichés résistent à l'épreuve du temps et aux évolutions sur le terrain, c'est bien celui de la motivation des agents de la fonction publique. Et si ces clichés ont la vie dure, c'est que les responsables de l'administration, jusqu'aux plus hauts niveaux, sont souvent les premiers à y prêter leur voix.

En premier lieu, l'image d'une fonction publique où l'on ne peut rien faire pour motiver les agents – comprenez financièrement – persiste par opposition à un secteur privé où primes, promotions, voire menaces de licenciement seraient le pain quotidien.

S'il est relativement facile de débusquer ces fausses idées, il en est en revanche de plus insidieuses. Faites parler des responsables d'unité sur la gestion de leurs équipes et vous vous apercevrez que, trop souvent, le seul objectif du management paraît être la recherche de la satisfaction des collaborateurs. S'ils avaient plus de moyens, nombre de responsables s'attacheraient en effet à faire le bonheur de leurs collaborateurs, en leur donnant un travail plus motivant, une meilleure reconnaissance et en réduisant les contraintes bureaucratiques qui pèsent sur eux.

Le problème n'est évidemment pas dans cette aspiration généreuse, mais dans son pendant pratique et quotidien : faute de moyens, tout ce qu'on peut faire, c'est développer des relations conviviales et une ambiance agréable et s'attacher, chaque fois qu'on le peut, au bien-être des agents, pour assurer une motivation minimale !

Cette représentation des choses porte évidemment en elle de trop nombreux renoncements : c'est en son nom que bien des responsables choisissent de ne pas exprimer leurs exigences ou leur insatisfaction sur le travail rendu – et qu'ils s'interdisent *de facto* toute évolution du comportement de leurs collaborateurs.

L'exemple caricatural et excessif de cette vision frileuse du commandement est la « hiérarchie gâteau » qui dit bonjour dans le couloir, en espérant que ses collaborateurs s'en porteront mieux, tout en disant à qui veut l'entendre le pire mal de ces agents « inadaptés aux nouveaux besoins du service ». Ou encore le chef de bureau qui n'ose pas remettre en cause les droits acquis d'agents travaillant trente heures par semaine grâce à des pauses sportives consenties par un prédécesseur aimable, même si, en raison de cette sous-productivité, des milliers d'agents sont payés en retard. On n'en est évidemment pas là d'une manière générale. Mais, en tout état de cause, l'objectif ne peut pas être la recherche de la satisfaction ou de la motivation pour elles-mêmes.

Si le raisonnement qui vise la satisfaction des agents est séduisant et compréhensible dans un contexte où l'on demande aux responsables « d'éviter les vagues », il ne peut que desservir les chefs d'unité dans la pratique actuelle, car il contient deux fausses idées : l'une sur le rôle hiérarchique, l'autre sur la motivation.

Le rôle de la hiérarchie n'est évidemment pas la recherche du bonheur des salariés : il s'agit là d'une idée récente et assez saugrenue, qui a plus trait à la culpabilité de l'exercice du pouvoir dans nos sociétés qu'à des raisonnements sociologiques construits. Commander, c'est d'abord exprimer ses exigences de responsable !

La hiérarchie existe pour faire faire ce qui ne se ferait pas en son absence : orienter les efforts des collaborateurs, s'assurer de la prise en compte de contraintes, de souhaits des clients, garantir le respect de normes, et parmi celles-ci, le contrat qui lie chaque collaborateur à un collectif. Cela implique aujourd'hui de nouvelles attitudes, chacun sait qu'il ne suffit plus de commander et de croire que les choses vont se faire d'elles-mêmes. En abandonnant son rôle de formulation d'exigences, la hiérarchie risque de perdre sa source essentielle de légitimité, qui est d'agir comme un relais, comme un médiateur – et non comme un écran de protection – vis-à-vis des contraintes externes.

Trois erreurs caractéristiques sur la motivation

Ne pas dire :

1. « Recherche agent motivé. »

La motivation n'est pas une caractéristique individuelle, mais une réaction à une situation de travail. Un même individu placé dans deux situations différentes pourra montrer deux comportements et deux motivations opposés. Les exemples sont flagrants dans la fonction publique : combien d'agents « profil bas » sont dans le même temps présidents d'association, voire élus municipaux, et en tout cas capables de bien d'autres comportements professionnels que ceux dont ils sont crédités par leur hiérarchie. La démotivation prétendue d'un agent n'est donc pas une excuse pour ne pas analyser le pourquoi.

2. « Moi, par mes seules qualités, je sais motiver mes collaborateurs. »

Et comment ? Le charisme d'un chef est rarement suffisant pour assurer la motivation durable de ses troupes. Un individu se motive tout seul quand il est placé dans une situation de travail qui lui convient et non pas seulement parce que son patron a de rares qualités. Même si ça aide, bien sûr…

3. « La motivation, c'est la performance. »

Non ! On peut être très performant avec un faible niveau de satisfaction et de motivation – par exemple, dans un processus de travail taylorisé – et à l'inverse, on peut être très motivé pour un travail tout en étant totalement inefficace, faute de compétences. Il faut donc prendre avec beaucoup de précautions une notion dont on a fait un but en soi, alors qu'elle est, au mieux, un indicateur.

L'idée fausse sur la motivation est de croire qu'on peut mieux satisfaire les agents – ou moins les mécontenter – en les protégeant de la réalité : réalité d'une productivité à améliorer, d'une qualité déficiente dans certains domaines, de délégations mal contrôlées…

En fait, plus les comportements de la hiérarchie sont neutres, centrés sur les bonnes relations, moins ils permettent aux agents de se situer eux-mêmes dans leur travail : ils les mettent *de facto* dans une position d'assistés, d'irresponsables. Or, ce sont les salariés eux-mêmes qui se motivent, car la motivation n'est pas une caractéristique individuelle mais une réaction à une situation de travail (voir encadré ci-dessus). Dans le cadre relativement terne et routinier des situations de travail généralement proposées par la hiérarchie, il y a fort à parier que la motivation des agents soit faible.

Qu'est-ce que la formulation d'une exigence ?

Formuler une exigence vis-à-vis d'un collaborateur, c'est d'abord lui demander une évolution personnelle dans le travail concret qu'il réalise, évolution qui va modifier l'organisation ou même la conception de son travail. C'est le nouveau type de coordination avec les autres services ou la meilleure communication avec les élus locaux demandés à tel spécialiste travaillant dans son coin, c'est la réduction des délais exigée de la part d'agents traitant des dossiers de contentieux, c'est l'accueil téléphonique à l'heure des repas demandé aux secrétaires qui ont pris l'habitude de ne plus répondre… Entendons-nous : il ne s'agit pas dans la plupart des cas de travailler plus, mais de travailler autrement.

On est souvent frappé par la timidité des cadres à formuler des demandes légitimes correspondant à un travail « normal » ou à une évolution indispensable pour le maintien d'un service public de qualité – timidité souvent liée à la crainte des réactions de collaborateurs qui prendront mal la remise en cause d'une situation acquise.

Pour être reçue, une exigence doit en effet être fondée et donc expliquée d'une manière compréhensible pour l'agent. Personne n'aime remettre en cause ses habitudes pour des objectifs incertains, voire pour satisfaire les marottes du chef. Il ne s'agit pas ici d'une précaution oratoire mais d'une condition de crédibilité, qui impose à la hiérarchie de pouvoir faire le tri entre ce qui est réellement indispensable, et ce qui est juste souhaitable.

D'autant que les situations qui peuvent amener un responsable à formuler des exigences nouvelles au sein d'une équipe sont désormais multiples :

• S'agit-il de la prise en compte de nouvelles missions ou d'améliorations qualitatives des missions existantes ? Ce type d'exigence ne sera fondé aux yeux des collaborateurs que si on peut objectiver l'attente des clients et montrer ce qui pose problème aujourd'hui (A-t-on discuté avec le client ? Est-on sûr de la nécessité du changement ? A-t-on recherché d'autres solutions possibles ? Etc.).

- S'agit-il de la comparaison avec d'autres unités de même nature ? Cette comparaison est de plus en plus utilisée pour mettre en évidence des améliorations nécessaires – en particulier par les services déconcentrés de l'État et les services municipaux – mais il faut à nouveau pouvoir la justifier (par des ratios de productivité par agent, des indicateurs de qualité : ces mesures, qui sont plus largement disponibles aujourd'hui, sont très importantes pour convaincre les agents de la nécessité d'améliorations dans leur travail actuel).

- Enfin, le fonctionnement interne de l'unité reste le principal domaine à surveiller pour le responsable hiérarchique : la répartition de la charge de travail entre agents, les comportements professionnels individuels, les écarts entre la définition d'un poste et sa pratique par son titulaire, les problèmes de communication interne sont autant de domaines où la vigilance s'impose. Mais encore une fois, le problème posé et l'amélioration souhaitée devront être objectifs, et donc fondés sur des observations concrètes et régulières, pour que les agents concernés les acceptent.

Trois bonnes raisons de formuler explicitement à vos collaborateurs ce que vous attendez d'eux

1. L'expression d'une exigence est l'expression d'un intérêt : on connaît la situation de l'agent et on croit une amélioration possible. Or, l'intérêt que vous portez au collaborateur est la première valeur dans une relation hiérarchique.

2. Lui dire ce que vous attendez de lui, ce n'est pas clore le problème, mais lui permettre de réagir, d'être actif. Faites-le par touches, revenez à la charge.

3. Tout agent a besoin de savoir de façon explicite en fonction de quels critères il sera évalué. Pas noté, bien sûr, mais ce qui déterminera quelque chose de bien plus important que la notation est l'image que son patron aura de lui, et les efforts que sa hiérarchie sera prête à consentir pour développer ses compétences.

Surtout, vérifiez que votre agent vous a compris, que vous n'avez pas trop enrobé le message pour ne pas le heurter, et que celui-ci ne soit pas devenu incompréhensible. Donc taisez-vous après avoir parlé, demandez-lui ce qu'il a compris, la manière dont il voit les choses. L'explicite, c'est aussi votre problème ! Répétez cet exercice avec chacun de vos collaborateurs.

Individuellement, ces exigences formulées par le responsable ne sont souvent que la correction de négligences antérieures : des agents à qui on n'a rien dit – peut-être parce que leur chef considérait justement qu'ils n'étaient pas facilement remotivables ou qu'il était plus simple d'investir sur les autres – et dont le comportement professionnel a progressivement dérivé, sans que la hiérarchie joue son rôle de garde-fou. Les remettre en selle est une tâche plus difficile, mais pas impossible. En soi, le rétablissement d'un contact réel, l'expression d'un intérêt du responsable est bien souvent l'occasion de nouveaux départs. C'est vis-à-vis de ces agents que l'investissement d'écoute devra être le plus important de la part des responsables hiérarchiques : ce sont eux qui sont prioritaires pour des entretiens individuels avec le responsable, pour un suivi personnalisé. Car un agent sous-performant, c'est le plus souvent des contraintes mal connues de la hiérarchie. Professionnelles ou personnelles, ces contraintes et ces difficultés doivent être prises en compte par le responsable qui souhaite voir évoluer un comportement inadapté.

La réintégration d'agents à la dérive dans le circuit normal

Quand M. M. prit la responsabilité du service Espaces verts d'une grande ville, il se fit expliquer qu'à force de réduction des effectifs d'année en année, ceux-ci étaient arrivés « à l'os ». Certaines missions – qualité du fleurissement, par exemple – ne pouvaient plus être réalisées proprement, alors même que la ville affichait encore de prestigieux labels montrant ses réalisations.

Pourtant, selon l'encadrement du service, celui-ci comptait quarante « agents à problèmes », considérés par l'encadrement comme de mauvais exemples pour les « agents normaux ». M. M. fit la liste, par recoupements, de ces « agents à problèmes ». En accord avec les syndicats, il convainquit l'équipe de direction de lancer une opération remotivation de ces agents, comprenant :

- des entretiens individuels avec un membre de l'équipe de direction ;
- l'analyse, au cours de ces entretiens, avec les agents concernés, de leur situation et de leurs perspectives sur la base d'éléments approfondis fournis par la hiérarchie ;
- la réaffectation d'un certain nombre d'agents sur cette base, le lancement de formations pour d'autres, et enfin des procédures disciplinaires pour cinq agents.

Le constat fait après un an montra que la situation particulière des agents était due, pour la majorité d'entre eux, à une « dérive », à une négligence d'un encadrement qui ne les avait pas suivis. La moitié de ces agents environ ont retrouvé un poste « normal » au sein de la direction.

« Au fait... à quoi roulent-ils ? »

Ne vous leurrez pas : ce n'est pas parce que vous commandez qu'ils obéiront...

La formulation d'une exigence, aussi légitime soit-elle, ne suffit bien sûr pas à en assurer la concrétisation. L'amélioration du service public qui sera permise par la réduction des délais de traitement d'un dossier est singulièrement abstraite pour un agent qui voit avant tout le travail supplémentaire que cela implique. L'expression d'une exigence introduit évidemment, pour le collaborateur concerné, des inconvénients par rapport à sa situation initiale. Et il possède souvent les atouts lui permettant d'en freiner la mise en œuvre, voire de la rendre impossible. Ne vous leurrez pas, ce n'est pas parce que vous commandez qu'ils obéiront.

Il s'agit ici – malheureusement ? – d'une tendance de fond dans les organisations, et plus encore dans celles qui assurent des productions intellectuelles comme les administrations. Les collaborateurs, qui sont de mieux en mieux formés, qui maîtrisent des tâches de plus en plus complexes, voient leur pouvoir de dire « non » augmenter de manière exponentielle par rapport à la situation que connaissaient ces mêmes organisations il y a vingt ans. Bien sûr, il s'agit rarement de « non » franchement exprimés – on garde un certain respect pour la hiérarchie et pour les formes dont elle aime s'entourer – mais la mise en œuvre efficace d'une orientation, la pertinence de son élaboration, la qualité d'un travail effectué, le respect des délais sont autant de réalisations que ne maîtrise plus le responsable. Exprimer des exigences ne garantit en aucun cas leur concrétisation.

Si ces collaborateurs vous disent « non » ou traînent les pieds, ce ne sera pas en raison de leur « mental de fonctionnaire », ce ne sera pas non plus seulement parce que vous ne le leur aurez pas « demandé gentiment », mais tout simplement parce que votre demande viendra remettre en cause l'équilibre qu'ils ont construit dans leur situation de travail et qu'ils estiment légitime de défendre. Cette tentation est d'autant plus forte dans des structures qui ont rarement connu des réorganisations.

Pour ne pas se bloquer, il faut comprendre le « non » davantage comme une position de négociation, qui vise à trouver des aménagements et des contreparties, que comme une volonté de mettre en échec les objectifs de la hiérarchie. Dès lors, traiter la réaction négative d'un collaborateur comme la seule expression d'un comportement personnel à redresser revient très souvent à rentrer dans une logique de conflits de personnes, plus ou moins larvés, dont le responsable hiérarchique ressortira rarement vainqueur.

« À quoi roulent-ils ? » : comprendre les motivations des agents

Pour dépasser ces blocages possibles, il faut chercher à comprendre les mécanismes qui déterminent les comportements au travail. Trop souvent, on établit le lien entre comportement et personnalité : celui-ci a une attitude positive parce que c'est un agent motivé, ayant le sens du service public ; celui-là, au contraire… Non ! Cette attitude est non seulement erronée sur le fond mais elle aboutit surtout à ce que trop de collaborateurs « dérivent » faute de management, ce qui n'est plus acceptable dans le contexte d'effectifs réduits.

Mieux vaut chercher à comprendre les comportements – et donc *in fine* la satisfaction au travail – à partir des situations professionnelles concrètes. De quoi s'agit-il ? L'exécution de tout travail entraîne en effet des avantages et des contreparties (voir encadré ci-contre). Chaque situation de travail est en cela unique et personnalisée car elle ne peut être comprise que partiellement en dehors de son titulaire.

Pour l'ensemble des dimensions de son travail (intérêt technique, autonomie, salaire, relations), chacun se construit son propre équilibre. Cet équilibre peut être celui du « stressé heureux » bâti sur un travail entraînant de nombreuses responsabilités, des contraintes horaires, du stress, mais aussi une valorisation forte et beaucoup d'autonomie. Ou il peut être celui du « profil bas sans histoire », son travail lui apporte alors peu de satisfactions tangibles, mais aussi peu de contraintes, grâce à une routine bien maîtrisée.

Arobase, une approche systématique pour analyser la motivation en situation de travail

L'analyse de la motivation et l'explicitation des termes de l'échange impliquent une démarche concrète, suffisamment exhaustive pour n'oublier aucun des points essentiels pour chaque acteur… mais suffisamment simple pour être manipulable. Comment alors identifier ces points essentiels face à la diversité de la vision de la vie au travail par chacun d'entre nous ?

Une approche analytique est indispensable. Issue de différents travaux de psychosociologie[1], la grille Arobase est très éclairante dans cette perspective. Elle conduit à identifier de manière systématique les composantes du travail telles qu'elles seront perçues par chaque collaborateur. Sur chaque composante, il s'agira de recenser les facteurs positifs ou négatifs qui déterminent le niveau d'engagement dans son travail de la personne concernée.

On s'inscrit ainsi dans la grille ci-dessous :

Composante de la situation de travail	Facteurs de motivation
Activité : conduire un projet d'aménagement, faire des comptes, réaliser un cahier des charges, paramétrer un logiciel, assurer le fleurissement de la ville, encadrer une équipe…	Intérêt, technique, défi, occasion de donner un sens, de se prendre au jeu, de développer son expérience… « Quand vais-je être formé ? » ; « L'introduction du nouveau système informatique est une opportunité pour apprendre de nouvelles technologies. » ; etc.
Relation : avec les collègues, la hiérarchie, clients et partenaires, ambiance, climat de travail, réseaux de relations…	Intégration à un groupe, solidarité, coopération, négociation, affirmation de soi, sentiment d'être valorisé. « Avec la régionalisation des services, j'aurai moins de rapports avec les utilisateurs. » ; « Je me suis toujours bien intégré dans les nouvelles équipes. » ; etc.

---

1. On s'appuie ici notamment sur les travaux de Pierre Morin, voir en particulier Pierre Morin et Éric Delavallée, *Le manager à l'écoute du sociologue*, Éditions d'organisation, 2003.

Composante de la situation de travail	Facteurs de motivation
Organisation : horaires, modalités de contrôle, taille des équipes, fonctionnement entre services, répartition des tâches…	Maîtrise de son activité, affirmation de son indépendance dans le cadre d'engagements, accès à l'information… « Je reste dans ce poste parce qu'ici on sait travailler en mode projet, on reste créatifs. » ; « On me laisse de moins en moins d'initiative, je suis traité en enfant à qui on ne peut pas faire confiance. » ; « J'en ai assez, c'est trop mal organisé, on n'est pas efficace. » ; etc.
Ma Boîte (mon entreprise) : réputation, situation économique, politique sociale, expansion ou régression…	Image, histoire, prestige, avantages sociaux, communauté de valeurs… « Moi, ce qui me plaît, c'est quand on me demande chez qui je travaille, et qu'on répond "Wah !" quand je prononce le nom de mon administration… »
Mon Avenir : en interne (perspectives de carrière…) et à l'extérieur (employabilité…).	Garanties d'évolution (salaire, carrière), sécurité en interne ou employabilité renforcée. « Ce poste en région est pénible, mais c'est la voie royale pour celui que je vise. » ; « Avec les réorganisations, les voies d'avenir sont bouchées dans mon administration, il faut que j'étudie une mobilité ailleurs – vers le privé ? » ; etc.
Salaire : rémunérations directes et indirectes, primes, intéressement, avantages…	Sentiment que les rémunérations correspondent aux efforts, comparaisons favorables avec d'autres employeurs… « Ça me tue de voir des gens qui font la même chose que moi et qui sont beaucoup mieux payés. » ; « Même si on me propose un salaire plus élevé, je ne partirai pas d'ici. » ; etc.

La grille est en premier lieu utilisable au niveau individuel, avec, pour chaque responsable, l'intérêt d'identifier sur ces six dimensions les bons leviers d'engagement pour son collaborateur. Pour chacune des composantes de sa situation de travail, le salarié trouvera du positif et du négatif, avec, en bout de course, un équilibre qu'il considérera souvent acceptable – en tout cas si l'on en croit sa stabilité dans son poste.

Cette vision n'est pas toujours spontanément présente à l'esprit de chacun, mais elle est facile à découvrir à partir d'une écoute fine où on on posera la question « Que pensez-vous de votre travail ? » en explorant chacune des six dimensions. Il s'agit bien entendu d'un recueil de perceptions, et non pas forcément de la réalité. Dans sa situation de travail, tel individu peut trouver très positives et motivantes les perspectives professionnelles qu'il pense avoir – qu'il a notamment déduites des carrières menées par les titulaires précédents du poste – alors même que son analyse est fondamentalement fausse et qu'il n'a pas la moindre chance de faire la carrière qu'il espère...

Autre précaution, cette perception individuelle peut aussi être très différente de celle du responsable hiérarchique ou du collaborateur. M. Dupont peut trouver très satisfaisant un travail répétitif, qui lui garantit sérénité et prise de recul, alors même que son responsable ne voudrait pas être à sa place pour tout l'or du monde car il aurait trop peur de s'ennuyer !

Cette grille permet également de travailler au niveau collectif. En consolidant des échantillons représentatifs, on décante rapidement la réalité d'un contrat au niveau de l'organisation – ou d'un segment d'une population. Les notions d'obligations réciproques trouvent naturellement leur place dans Arobase.

La boîte à outils du manager public

**Mesurez l'impact de vos exigences
sur la situation de travail d'un collaborateur**

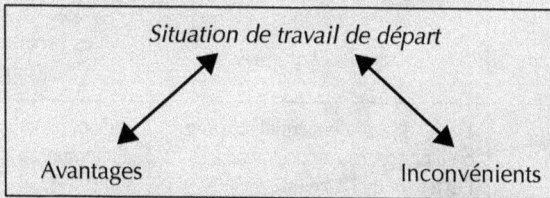

Situation de travail de départ

Avantages   Inconvénients

1. Analysez leur situation de travail : quels avantages et quels inconvénients trouvent-ils ? (voir la grille Arobase)

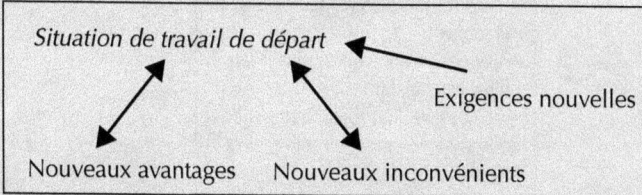

Situation de travail de départ   Exigences nouvelles

Nouveaux avantages   Nouveaux inconvénients

2. Analysez l'impact de vos exigences sur la situation de travail de l'agent : c'est-à-dire sur l'équilibre entre les nouveaux avantages et les nouveaux inconvénients induits.

Acceptez de rentrer dans une relation d'échange et de négociation

Pour sortir de cette situation, la hiérarchie n'a pas le choix : pour demander plus aux agents, il lui faudra également apporter plus, ou réduire les contraintes et montrer à chacun qu'il peut retrouver un équilibre personnel dans la nouvelle situation. Il ne s'agit pas d'une discussion de marchand de tapis mais d'une approche pragmatique visant à aménager les contraintes qui pèsent sur les agents en contrepartie d'efforts accrus. Il est notable que bien souvent les responsables hiérarchiques ignorent ces contraintes réelles, simplement parce qu'ils ne se sont jamais mis à la place de l'agent et qu'ils n'ont jamais pris la peine de l'écouter parler de son travail. Pourtant, il y a du grain à moudre, comme peut le montrer une analyse catégorielle rapide (voir encadré ci-dessous).

Le « grain à moudre » dans les relations hiérarchiques

Agent concerné	Les plus à gagner	Les inconvénients à réduire
Le vacataire surdiplômé de la génération Y	L'aider à se professionnaliser pour qu'il puisse trouver un travail à l'extérieur de l'administration à moyen terme : • formation, spécialisation ; • constitution d'un réseau personnel ; • exigence à son égard (plus il fait, plus il est satisfait) ; • attribution d'un rôle d'innovation dans la communication (blog, web 2.0, veille) ; • attribution d'un « parrain » de sa génération à même de lui faire comprendre les « rites et pesanteurs » du service.	Pallier un manque d'information sur ses droits, son statut. Lui fournir le droit de déjeuner à la cantine.

Agent concerné	Les plus à gagner	Les inconvénients à réduire
Le titulaire de catégorie A n'ayant plus de possibilité d'évolution de carrière	Lui donner un rôle d'expert sur des domaines d'activité du service (c'est lui qui commente les évolutions techniques dans les réunions de service). Le laisser présenter ses conclusions sur un dossier qu'il a préparé devant la direction au lieu de le faire à sa place.	Supprimer les corrections de points-virgules sur ses documents et les remplacer par des rencontres techniques régulières. Le dégager d'une partie de son travail pouvant être assurée par d'autres agents pour qu'il se concentre sur les dossiers de haut niveau.
Le cadre B qui s'enferme dans un champ d'activité précis et veut rester tranquille dans le service	Le consulter sur les aspects d'organisation du travail. L'informer sur la vie du bureau et sur l'évolution des dossiers qu'il traite. Le faire assister aux réunions où il n'a pas l'habitude d'aller. Lui faire faire des visites auprès de clients ou de partenaires.	Se battre pour la satisfaction de ses demandes matérielles sur des points précis (outils de travail). Remettre à sa place le jeune cadre qui lui rend la vie impossible.

Sur quoi doit-on négocier ?

On peut rentrer, à travers ces relations d'échange, dans une relation gagnant / gagnant. Ce que le supérieur hiérarchique accorde lui coûte finalement moins que ce qu'il espère gagner en efficacité. Il s'agit bien souvent de contraintes minimes d'organisation auxquelles il n'avait même pas songé mais qui vont rendre la partie acceptable pour le collaborateur.

Il va de soi que dans la plupart des cas, cet échange relève d'une intelligence implicite plutôt que d'une partie cartes sur table. À partir du moment où l'écoute est bonne, les choses se comprennent et se font d'elles-mêmes, et non à coups d'ultimatums. Car l'essentiel n'est pas dans les avantages qui seraient accordés, mais dans la relation d'échange – et donc de parité – qui s'établit à cette occasion. Ce qui veut dire, en tout état de cause, qu'après avoir parlé pour exprimer une exigence, le responsable doit apprendre à écouter et longuement. Des entretiens réguliers lui sont indispensables pour comprendre les enjeux de la personne qu'il a en face de lui.

Enfin, le responsable doit savoir trancher et formaliser de manière précise, si nécessaire par écrit, ce à quoi chacun s'engage, car bien souvent, il s'agit d'un contrat dans lequel chacun a sa part de responsabilité, chef d'unité en tête.

Gagnant / gagnant, c'est donnant / donnant...

Le terme « contrat », s'il est pris dans son acceptation « légaliste », conduira évidemment à des impasses et à des conflits. Il ne s'agit pas de gérer les agents en suivant scrupuleusement des modes d'emploi définis de manière formelle et non évolutive. Mais il faut s'inspirer, par analogie, de la notion d'engagement contractuel :

• comme dans tout contrat, il y a un « non négociable », qui correspond au noyau dur des exigences du responsable ;

• en contrepartie, il y a toujours du « négociable » entre le patron et son collaborateur, sur les modalités de mise en œuvre, les compensations disponibles ;

• enfin, il y a toujours un « coupon détachable » pour chaque partie, et en particulier un prix à payer pour la hiérarchie – une formation à obtenir pour l'agent concerné, un nouvel outil de travail, un changement de comportement de la part d'autres agents...

Remettre en cause les comportements des collaborateurs oblige donc les responsables à se poser des questions sur leur propre comportement (« Quelle information donner à mon collaborateur ? Comment le mettre dans une situation où il peut réussir ? »). Et ce mode de relation signifie clairement qu'on ne peut plus se contenter d'un traitement égalitaire, dépersonnalisé, « statutifié » de ses collaborateurs, mais qu'il faut prendre en compte la complexité des situations individuelles.

Prendre en compte l'évolution du « contrat » qui relie les agents à leur administration

Longtemps, la stabilité de l'environnement et des règles du jeu dans l'administration permettaient à l'institution, à ses responsables comme aux organisations syndicales, de porter les promesses dans la durée avec un « contrat » clair : « Après tant d'années à tel poste, sous réserve de conditions de performance et d'engagement, tu pourras prétendre à tel poste dans tel service ou dans tel territoire. » Le contrat « vivait » dans cette longue durée, sur une base implicite, avec la confiance vis-à-vis de l'administration et des organisations syndicales défendant l'agent.

Les évolutions dans l'administration sont redoutables à l'aune de cette vision du contrat : d'une part, les réorganisations multiples en cours et les impératifs de productivité ne permettent souvent plus à l'administration de « tenir » ses engagements – ou ce que l'agent avait compris comme engagements : on ne peut plus garantir à tel agent qu'il aura dans x années cette forte probabilité d'obtenir le poste qu'il souhaite à l'endroit qu'il souhaite : plus personne n'est en capacité de tenir cette promesse ! Et les responsables hiérarchiques sont démunis pour expliquer les évolutions, comme ils sont eux-mêmes sous pression, sous remise en cause de leur propre contrat et dans la grande difficulté de parvenir à faire passer un discours d'autonomie et de responsabilité à leurs collaborateurs[1]…

Développez un nouveau modèle de dialogue hiérarchique permettant d'écouter ce qu'ils aimeraient dire

Le soubassement de ce modèle de relations hiérarchiques, ce n'est pas la participation, ni le consensus, mais tout simplement le dialogue, dans lequel on reconnaît que chaque partie a des perceptions qui sont différentes, mais que ces perceptions doivent s'accorder pour concourir à des objectifs communs.

À cet égard, on ne peut qu'être sidéré de l'absence de moments d'écoute dans de nombreuses relations hiérarchiques. Apparemment, on ne parle pas en dehors des échanges sur les seuls dossiers en cours. Les contacts

---

1. Voir Alain Reynaud, Hubert Heckmann, Frédéric Petitbon, *Restaurer la confiance dans l'entreprise – Renouveler le lien entre entreprise et collaborateurs*, Dunod, 2010.

extérieurs semblent toujours passer avant les relations avec les collaborateurs.

Dans ce contexte, les politiques de management et de gestion des ressources humaines promues par les directions, comme l'entretien annuel, seront souvent considérées comme des gadgets par de nombreux cadres : « On se voit tous les jours et on a de très bonnes relations… Pourquoi voulez-vous en plus qu'on perde une heure tous les ans à un entretien ? »

Bien entendu, un entretien annuel sera parfaitement inutile et artificiel s'il ne s'appuie pas sur un dialogue quotidien entre la hiérarchie et les agents. L'absence de ces plages d'écoute est l'explication la plus courante de l'échec de l'entretien d'évaluation dans de nombreux services administratifs. Dans ce contexte, l'entretien prendra inévitablement un caractère formel.

Une telle déviation n'est évidemment pas dans l'intérêt du responsable hiérarchique. Sans tomber dans l'illusion du « management baladeur » comme solution à tous les problèmes, il va falloir considérer qu'une partie du temps quotidien du responsable devra impérativement être laissée improductive pour permettre ces ajustements et ces moments d'écoute. Pour cela, de nombreuses méthodes sont possibles :

- le *brief* quotidien autour d'une tasse de café, pendant vingt minutes, avec tout ou partie de l'équipe, et qui permet de rester au fait des problèmes matériels et concrets ;
- les moments de convivialité, de visites impromptues et sans objet défini (sans dossier sous le bras !) dans les bureaux, qui, s'ils sont répétés et débouchent sur des décisions concrètes, vont changer petit à petit les relations hiérarchiques, la façon de voir le « chef » ;
- les rencontres individuelles, pour faire le point sur les dossiers bien sûr, mais aussi, à échéance moins régulière (tous les mois, tous les trimestres) pour discuter d'un problème plus large, suivre des engagements pris en commun ;
- les réunions de crise, pour montrer qu'on sait faire face, à chaud, à un problème personnel et qu'on ne l'enfouit pas sous une pile de dossiers ;

- les déjeuners organisés de manière régulière avec tous les collaborateurs de l'équipe pour échanger de manière plus détendue et moins finalisée que dans le bureau du chef.

Toutes ces initiatives sont autant de contraintes pour le responsable, qui doit changer sa méthode de travail, mais aussi la conception de son rôle (« Il est plus important pour mon équipe d'avoir des moments de disponibilité réelle, quitte à perdre du temps, que de vivre dans l'illusion de l'efficacité avec un agenda toujours plein. »). Les choix drastiques qui en découlent en matière de gestion du temps seront abordés à la fin de ce chapitre.

Dix trucs pour avoir un comportement de dialogue au quotidien

1. Être accessible. Cela ne veut pas seulement dire « avoir sa porte ouverte », mais surtout montrer, par ses initiatives personnelles, par ses interrogations vis-à-vis de ses collaborateurs, qu'on s'intéresse à leur sort et à leurs sujets.

2. Apprendre à se taire. Tout le monde sait que les cadres de haut niveau parlent très bien sur de nombreux sujets. Mais leurs collaborateurs aimeraient bien voir, de temps en temps, qu'ils savent se taire et écouter.

3. Voir tous ses collaborateurs, y compris ceux qui sont moins dans le coup… mais qui seront totalement hors jeu si on ne les intègre pas autant que les autres.

4. Faire des visites préparées ou impromptues dans les services. C'est la meilleure manière d'apprendre ce qui se passe… tout en montrant qu'on s'y intéresse.

5. Apprendre à écouter ses collaborateurs, même sans prétexte, pour se préparer à mener un entretien annuel.

6. Prendre le risque d'un nouveau comportement avec un collaborateur. Par exemple, se taire quand il a l'habitude de vous écouter, ou se fâcher même quand les bornes sont dépassées, et voir ce que cela donne.

7. Ne pas rater les entretiens annuels. C'est le minimum du dialogue… et même quand c'est répétitif et quand ça bloque trop de temps, c'est vraiment indispensable.

8. Ne pas se dérober quand ce sont ses collaborateurs qui nous abordent, simplement parce que l'on a décidé que d'autres choses sont plus prioritaires.

9. Garder une mémoire des échanges importants. L'écrit n'est pas réservé aux dossiers stratégiques qui finiront dans les archives du sous-sol.

10. Ne pas laisser croire à ses collaborateurs qu'on les juge uniquement en tant que personnes. Montrer que l'on est capable de faire la différence entre la situation de travail et qui ils sont.

Ce n'est que si cette pédagogie du quotidien est menée, que les entretiens annuels peuvent avoir un impact important, comme des « rendez-vous jalons » où le responsable cherche à aller au fond des choses avec chacun de ses équipiers.

Qu'est-ce qu'un entretien annuel en effet, sinon un moment privilégié d'écoute, et un temps de bilan et de relance pour toutes les actions suggérées dans ce chapitre ? La formulation d'exigences, l'aménagement des situations de travail, la délégation et la responsabilisation en matière de gestion.

Formez-les à être responsables

Quelles que soient la capacité des collaborateurs, leur motivation, l'organisation mise en place, c'est toujours le chef d'unité qui assumera la responsabilité ultime des actions de son équipe. Que ces actions soient plus complexes, que les effectifs soient réduits n'y changent rien. Mais si la responsabilité finale ne se partage pas, l'exercice quotidien de cette responsabilité pourra de moins en moins être assumé par le chef seul, suivant et maîtrisant toutes les activités opérationnelles de son unité. Ces activités deviennent trop complexes dans les organisations administratives d'aujourd'hui. En outre, la circulation de plus en plus ouverte de l'information rend toute maîtrise des circuits totalement illusoire. La centralisation totale ne peut se traduire que par la surcharge de travail du responsable et l'inefficacité de l'ensemble, et il vaut mieux que chacun soit mis en capacité d'être force de proposition de la façon la plus éclairée possible...

Cela signifie que les chefs d'unité doivent aujourd'hui apprendre à déléguer vraiment, en mettant leurs agents en condition d'assumer cette nouvelle part de responsabilité, et en ne se limitant pas à se décharger de ce qu'ils n'arrivent plus à faire, ou à laisser se constituer des « baronnies » de manière unilatérale et sans contrôle.

Quel est l'objectif de cette pratique du partage de la responsabilité ? Il s'agit bien entendu pour le responsable de se dégager de certains aspects du fonctionnement quotidien sans en perdre la maîtrise finale, et de gagner ainsi un temps indispensable pour d'autres activités. Mais il s'agit également d'aider ses collaborateurs à progresser, à acquérir autonomie et capacité de décision, et de préparer ainsi leur évolution professionnelle.

Déléguez les responsabilités... pas seulement les signatures !

Pour certains fonctionnaires, le mode de fonctionnement de l'administration exclut la délégation sous le prétexte que les niveaux de signature sont juridiquement définis de manière très précise et limités le plus souvent aux seuls responsables d'encadrement. Il ne serait ainsi pas possible de déléguer dans la fonction publique. On citera même le cas extrême d'un préfet qui n'envisageait pas que des services déconcentrés écrivent directement aux élus sans en être préalablement informé – même pour les courriers les plus banals....

Bien entendu, cette impossibilité théorique de déléguer est contredite par l'analyse du fonctionnement des services, où l'on constate que les collaborateurs jouissent bien souvent de larges zones d'autonomie. Ce qui échappe à la signature du responsable ne fait l'objet de quasiment aucun contrôle sur les agents qui en ont la charge même, quand il s'agit de domaines majeurs dans la vie du service, des contacts avec des partenaires extérieurs, l'application de contrôles techniques jugés routiniers mais qui sont essentiels pour les usagers, les contacts téléphoniques avec l'administration centrale qui ont valeur de jurisprudence pour les services. Cette réalité, souvent méconnue, est pourtant autrement plus importante que la signature formelle apposée par le responsable hiérarchique sur des bordereaux de transmission de documents !

Donner des responsabilités aux collaborateurs, sans laisser-faire et sans tolérer pour autant qu'ils prennent à leur niveau des décisions qui ne leur appartiennent pas, demande qu'on arrache la fausse barbe de la délégation de signature (voir encadré page suivante), qui ne correspond pas à la réalité du fonctionnement des services. C'est donc une conception toute différente de la délégation qu'il faut mettre en œuvre, en clarifiant l'ensemble des domaines de responsabilité accordés aux collaborateurs et en mettant en place des méthodes de contrôle de leur action.

Délégation et délégation de signature : de quoi parle-t-on ?

Dans bien des cas, la délégation dans une administration est comprise comme une délégation de signature et pratiquée *de facto* comme un transfert de compétence.

Par exemple, si un agent a délégation pour trancher en matière de dossiers de contentieux jusqu'à un montant de 1 500 euros, il considérera souvent que la gestion de ces dossiers relève de son entière responsabilité et il admettra difficilement un contrôle et un suivi de son activité.

Cette conception de la délégation (délégation de signature = transfert de responsabilité) est viciée puisqu'elle incite tout responsable à conserver la signature pour être à même de suivre l'activité de ses collaborateurs…. et donc à ne pas déléguer.

La définition de la délégation de responsabilité est toute différente : il s'agit de la formulation claire d'une responsabilité personnelle confiée à un collaborateur, dans un champ d'action de décision bien délimité et dans le cadre de contrôles définis au préalable entre le patron et l'agent concerné. Une délégation n'est donc en aucun cas un abandon de responsabilité : le délégataire est tenu de rendre compte de son activité au délégant. Délégation implique contrôle. Elle implique également une action préalable de formation, pour que le collaborateur soit à même de remplir efficacement ses responsabilités.

Dans quels domaines déléguer ?

* la représentation et l'engagement du service auprès des partenaires ;
* la capacité à décider sur certains dossiers ;
* la conduite de projets prioritaires ;
* le suivi d'une dimension technique pour l'ensemble de l'unité (par exemple, l'évolution de la législation), des fonctions d'organisation de base pour l'ensemble de l'unité (par exemple, la logistique pour les secrétaires, le plan informatique de l'unité…) ;
* la gestion d'un budget de moyens ou des responsabilités en matière de gestion des personnels (par exemple, le plan de formation de l'équipe).

Éviter la montagne des parapheurs ? C'est parfois possible !

Tout le monde connaît l'histoire de ce haut responsable consciencieux qui a disparu sous les parapheurs ou encore de son bureau, dédaigneusement (ou rageusement, c'est selon…) qualifié par ses collaborateurs de « trou noir » : sa relecture fine de tous les courriers au départ et de tous les dossiers lui faisait déceler des erreurs ou des imprécisions, qu'il corrigeait lui-même. L'identification de ces imprécisions montrait par là même l'impérieuse nécessité de cette relecture et justifiait les longues heures qu'il y consacrait en fin de journée. Ce haut responsable n'avait pas compris l'effet pervers qu'il générait par son comportement : ses collaborateurs, certains que leurs textes seraient relus et améliorés, pouvaient donc ne pas les peaufiner et se consacrer à d'autres activités !

Deux bureaux plus loin, un autre haut responsable respectait des horaires de travail décents, un temps limité à la lecture des parapheurs, en appliquant trois idées :

- il avait identifié avec ses collaborateurs des types de dossiers et de courriers qu'il délé- guait et ne relisait pas : la responsabilité de la qualité du travail incombait à ses colla- borateurs, y compris si les textes demandaient que ce haut fonctionnaire les signe ;
- à l'inverse, il ciblait *a priori* sa valeur ajoutée sur les dossiers qui lui étaient soumis, ce qui lui permettait de trier ceux qui entraient dans la catégorie ci-dessus de ceux qui justifiaient pleinement un examen approfondi. En particulier, il savait que le dossier soumis par X était généralement impeccable, quand celui fourni par Y nécessitait la plus grande vigilance ;
- il avait engagé un processus de formation et de professionnalisation des équipes quant à la qualité formelle des dossiers.

Enfin, il analysait régulièrement des dossiers après coup, ce qui lui permettait d'identifier les points sensibles et de réactualiser ces règles du jeu.

Le cycle de la délégation réussie

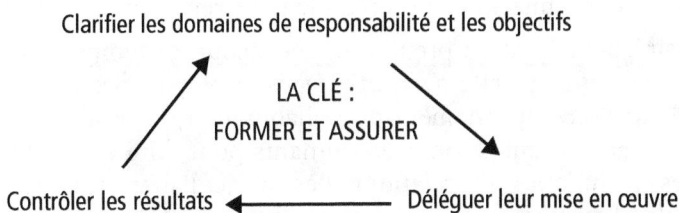

Clarifier les domaines de responsabilité et les objectifs

LA CLÉ :
FORMER ET ASSURER

Contrôler les résultats ← Déléguer leur mise en œuvre

Apprenez-leur à assumer leurs responsabilités

Avant de déléguer à un collaborateur, il faut bien sûr s'interroger sur sa capacité à endosser cette nouvelle responsabilité : peut-on faire le pari qu'il pourra, à l'échéance de quelques semaines ou de quelques mois, remplir de manière satisfaisante cette délégation dans son intégralité et pas seulement dans ses aspects les plus immédiats ? Posée de cette manière, cette question débouche souvent sur une réponse négative. La complexité des dossiers et le « niveau insuffisant » du collaborateur montrent le risque encouru : une erreur du collaborateur, dont il faudra assumer la responsabilité… Ce type de raisonnement incite de nombreux responsables à garder l'entière maîtrise de leur domaine d'activité, en considérant les risques liés à une délégation supplémentaire.

Notre expérience nous montre qu'il faut inverser le raisonnement : ce ne sont pas seulement les capacités du collaborateur, mais surtout l'action du responsable qui est déterminante dans la réussite d'une délégation.

Tout d'abord, les responsables hiérarchiques dans la fonction publique surestiment toujours la dimension technique nécessaire pour maîtriser une délégation (le dossier complexe qui va bloquer est toujours pris comme référence). Mais surtout, ils sous-estiment tout aussi régulièrement le besoin d'apprentissage de la part du collaborateur pour maîtriser les situations liées à son nouveau domaine de responsabilité, qui peut d'ailleurs justifier dans une mesure raisonnable un droit à l'erreur : la connaissance du « dessous des cartes » des situations, l'analyse des comportements adaptés face aux individus rencontrés… Tous les aspects qui font la différence entre un technicien limité à son domaine et un interlocuteur crédible pour représenter le service.

Réussir une délégation prend donc beaucoup de temps au responsable qui se lance dans cette aventure. Dans la plupart des cas, c'est l'effort porté sur l'accompagnement du collaborateur, le copilotage, la formation de terrain, qui seront déterminants pour faire évoluer les compétences techniques et relationnelles du collaborateur, et le rendre capable d'assumer seul la responsabilité qui lui est confiée. Cette formation personnalisée, rarement pratiquée par les responsables (le plus souvent ils n'emmènent leurs collaborateurs dans leurs déplacements que pour pouvoir leur servir de mémoire, « au cas où ») est pourtant fondamentale et, dans le monde de l'administration, autrement plus utile que la formation théorique pourtant largement dispensée.

En effet, après avoir vécu une « intimité » réelle avec le responsable pendant plusieurs mois, l'agent concerné sera le plus souvent susceptible d'aller bien au-delà du contrat initialement envisagé. Ce qui veut dire que, plus que de délégation *stricto sensu*, c'est de formation de futurs responsables qu'il s'agit, au moins en partie en ce qui concerne des activités du service.

Évolution du domaine d'activité d'un agent

Au cours de son entretien annuel, ce cadre A d'une Agence régionale de santé (ARS) a mis en avant son souhait de prendre plus de responsabilité dans les politiques de santé publique sur le terrain.

Sur le principe, pourquoi pas… mais comment faire quand les interlocuteurs du service demandent, pour des raisons de protocole ou de capacité de décision, à parler au chef de ce cadre ? À ce stade, la délégation reste très aléatoire tant que les conditions nécessaires pour pouvoir assumer la nouvelle responsabilité n'ont pas été listées :

• l'acceptation des interlocuteurs, habitués à travailler avec le « patron » (cet aspect est souvent surestimé pour les dossiers techniques, où on s'habitue très vite à parler à l'interlocuteur connaissant le mieux le sujet, si on sait que l'affaire est suivie par ailleurs par le responsable hiérarchique) ;

• la clarification des relations au sein de l'ARS, au siège comme en délégation territoriale, pour donner à l'agent la maîtrise de l'information pertinente à ce sujet (les productions des autres spécialistes) ;

• la manière dont le responsable hiérarchique peut suivre les affaires, malgré son absence aux réunions ;

• la formation nécessaire de l'agent pour qu'il devienne rapidement l'interlocuteur incontesté dans ce domaine.

La délégation se concrétisera à partir du moment où une action sera planifiée en regard de chaque condition, pour aller au-delà des vœux pieux :

• présence en double (délégataire et délégant) au cours des trois prochaines réunions de travail, avec « monopole de la parole technique » au futur délégataire ;

• présence de l'agent aux réunions de service et discussion des cas rencontrés avec des élus, des chefs de service ou le préfet ;

• réunion d'une demi-heure par semaine avec le responsable.

Mettez en place un contrôle efficace

Quelle que soit l'autonomie prise par le collaborateur, c'est son patron qui demeure responsable *in fine*. La délégation n'est pas un simple transfert de responsabilités, mais une méthode d'organisation du travail. Même si cela heurte les susceptibilités de certains collaborateurs, il est fondamental de mettre en place un contrôle efficace. Ce qui n'a peut-être pas été fait sur de nombreuses délégations antérieures et exigera nécessairement un rattrapage qui pourra être mal vécu.

Ce contrôle ne peut se limiter à une relecture formelle des productions du collaborateur et encore moins à des « corrections de points-virgules » non justifiées. Avec la responsabilisation accrue des collaborateurs, les modes d'exercice du contrôle doivent changer et s'ancrer dans la réalité de leur action.

C'est en effet leurs résultats qu'il faut suivre et contrôler, et non leur seule production écrite. Autant que possible par un dialogue régulier et non par retour au courrier d'annotations qui seront dans tous les cas mal comprises et mal interprétées.

Pour cela, de nombreuses méthodes sont disponibles :

• la pratique des points hebdomadaires par écrit qui permet de conserver une trace de la manière dont les collaborateurs gèrent les dossiers et d'anticiper les difficultés ;

• les réunions mensuelles approfondies entre le responsable et ses collaborateurs qui disposent de responsabilités significatives ;

• les tableaux de bord, que chaque responsable peut élaborer lui-même pour son activité propre et qui consistent à mesurer de manière régulière des indicateurs – généralement chiffrés – de résultats (consommation des crédits, opérations en cours, délais, nombres et types d'incidents, contentieux). Ces tableaux de bord constituent une excellente toile de fond pour les réunions mensuelles ;

• les réunions de suivi d'un projet particulier (pour les projets les plus importants), permettent les échanges sur le fond ;

• l'analyse, à l'occasion des réunions de service, d'incidents rencontrés pour comprendre l'origine de certains dysfonctionnements et définir des réponses communes à l'ensemble du service.

• à l'inverse, à l'occasion dans des cas exceptionnels, une explication franche lorsque la délégation a été exercée à l'encontre de règles préalablement convenues et clairement explicitées, ce qui permet de faire une différence claire entre les erreurs nécessaires à l'apprentissage des responsabilités et des comportements délibérés qui constitueraient des écarts coupables.

À travers ces différentes techniques, il s'agit donc d'aider chaque collaborateur à prendre du recul sur ses choix, à identifier les causes de ses problèmes, à réfléchir aux solutions possibles par lui-même, plutôt que d'exercer une censure formelle. C'est en cela un véritable apprentissage de la responsabilité. Et c'est aussi la base d'un dialogue hiérarchique plus riche et complet : donner un cadre solide aux relations hiérarchiques, permettant aux collaborateurs de retrouver le sens de leur action.

Comment mettre en place un contrôle de responsabilité sur une activité qui avait été purement et simplement transférée ?

Revenir en arrière sur une pratique déjà établie est toujours difficile : lorsqu'un collaborateur a investi un « droit de propriété » sur un domaine, il est forcément délicat de mettre en place un suivi des résultats. Bien sûr, il ne s'agit que d'un contrôle *a posteriori*. Mais que vous le vouliez ou non, cette affirmation sera ressenti comme une marque de défiance et pourra poser des problèmes relationnels bien compréhensibles.

Pour ne pas se laisser bloquer par ces problèmes et minimiser leur portée, il faut observer deux règles :

• d'abord, en parler avec le collaborateur concerné pour expliquer et dédramatiser le « pourquoi ». Le « pourquoi », ce n'est pas « votre patron qui vous a demandé », mais cela peut être une raison de fond (des problèmes, des dérapages constatés dans le domaine de responsabilité assuré par l'agent) ou une raison de méthode (« Une délégation se contrôle... et vous comprenez bien que je ne peux pas exiger de nouvelles méthodes de travail de la part de vos collègues si tout le monde n'est pas logé à la même enseigne. ») ;

• ensuite, responsabiliser le collaborateur concerné sur le « comment ». Dans la plupart des cas, les outils de contrôle *a posteriori* peuvent être matérialisés : par exemple sous la forme de tableaux de bord. À lui, dans ce cas, de vous faire des propositions : quels indicateurs ? Quelle régularité ? Et quand se verra-t-on pour faire le point ? Si aucun tableau de bord n'est envisageable, il faudra se limiter à la mise en place d'un agenda de rencontres permettant par exemple d'aller au fond des choses sur un ou deux dossiers.

Associez-les au pilotage du service

C'est enfin à la participation au pilotage de l'ensemble de l'unité et de ses principales évolutions qu'il est souhaitable d'associer les collaborateurs. D'abord parce qu'une vision d'ensemble leur est indispensable pour qu'ils puissent assumer leurs différentes délégations. Ensuite parce qu'une participation plus large à ce pilotage permettra au responsable d'éviter d'être seul à assumer l'inévitable travail de mise en œuvre.

C'est en particulier le cas des responsabilités techniques, de veille, très importantes dans l'administration et souvent négligées faute de savoir clairement qui en est responsable. Qui doit suivre la législation européenne et son évolution ? Qui peut faire des notes de synthèse sur la littérature technique et la presse ? Qui peut suivre les réunions en centrale sur le sujet et en faire des comptes rendus pour les autres membres du service ? Qui peut préparer des séances de formation des agents du service sur tous ces thèmes ?

Dans tous ces domaines, des responsabilités individuelles doivent être définies, faute de quoi on s'arrêtera à des discussions « de café du commerce » en réunion, et chacun tentera de se mettre à jour dans son coin, avec la déperdition d'énergie que cela implique.

Cette participation des agents au pilotage du service sera détaillée dans les chapitres suivants, avec toutes ses implications concrètes (organisation des réunions internes, etc.).

Du « rendu des comptes » au « compte rendu »

Dès lors que la relation avec les collaborateurs passent d'une relation hiérarchique conçue comme descendante, à une relation qui les associent plus aux responsabilités et au pilotage de l'unité, la pratique du compte rendu change assez radicalement de philosophie. Dans le premier cas, « pour vivre mieux, vivons cachés » : le compte rendu est établi à la demande du responsable et le collaborateur en dit le moins possible, juste ce qu'il faut pour rassurer son patron.

On voit de plus en plus, grâce aux nouveaux systèmes d'information (l'utilisation désormais courante des traitements de texte par les cadres, l'usage débridé de la messagerie, etc.), se déployer des nouvelles pratiques « descendantes » : le chef montre l'exemple et diffuse systématiquement des comptes rendus précis de ses propres réunions et contacts, afin d'en faire profiter ses collaborateurs (en prenant le soin de conserver pour l'oral ce qui ne peut être écrit). Ses collaborateurs immédiats font alors de même, tant pour reproduire ce modèle vis-à-vis de leurs propres collaborateurs que pour remonter vers le haut des informations pertinentes vis-à-vis de leurs chefs. Au mieux, on peut même citer la pratique qui consiste, à l'issue d'un entretien périodique avec son n+1, à élaborer un compte rendu à l'intention de ses « n-1 », diffusé aux uns et aux autres, garantissant ainsi une traçabilité incontestable de la chaîne hiérarchique. Cette fluidité et cette complétude de l'information organise ainsi un partage de l'information à tous les niveaux, où seules quelques informations confidentielles restent préservées au bon niveau de responsabilité.

2

COMMENT DYNAMISER LA VIE DE SON ÉQUIPE ?

La vie de l'équipe est trop souvent un sujet qui conduit collaborateurs et responsables à lever les yeux au ciel… Ce qu'on s'ennuie ensemble, et quelle impression de perte de temps ! C'est difficile à comprendre quand on connaît la richesse de la personnalité de ses collègues ou de ses collaborateurs, leur humour, leurs champs d'intérêt, etc. Mais il n'y a rien à faire, quand vous les mettez ensemble, le mélange semble ne pas prendre et se transformer en jeux personnels et déclarations sentencieuses… mais pas en travail d'équipe !

Les raisons de cette situation insatisfaisante sont multiples – du respect des rites administratifs aux révérences faites aux différences statutaires, de la timidité des comportements au fonctionnement en silo… Mais comprendre n'est pas accepter ! Le travail collectif est maintenant un impératif catégorique devant lequel le manager public ne peut plus baisser les bras.

Ce chapitre donne des clés et des « trucs et astuces » à cet égard, dans un champ où la mise en mouvement est la règle de départ. Et les pistes sont multiples :

- *pour libérer la parole, d'abord (il faut partir de là) ;*

- *mais aussi pour jouer sur les fonctionnements collectifs, domaine d'innovation managériale au quotidien s'il en est ;*

- *pour décloisonner au quotidien et développer la polyvalence ;*

- *et enfin, pour faire de la logistique une affaire d'équipe et de mobilisation de toute l'équipe, secrétaires en premier lieu !*

Une administration asthmatique ?

C'est un fait entendu : pour rester efficace, une organisation doit changer régulièrement, se remettre en cause. La division des tâches, les règles de vie collective qui ont réussi à un moment doivent évoluer, soit parce que ceux qui ont incarné leur développement s'en vont, soit par usure, soit tout simplement parce que le contexte de l'organisation a évolué et que ces règles ne sont plus adaptées : il faut faire respirer l'organisation. Tel n'est pourtant pas le vécu historique de nombreux services publics…

« Que les réunions sont formelles et ennuyeuses ! »

Chez l'homme, la respiration est un phénomène automatique, et donc presque inconscient. Dans une organisation, mettre en œuvre les mêmes automatismes est plus complexe, exige des efforts conscients et continus, qui se concrétisent d'abord par la volonté de poser collectivement les problèmes et de les résoudre. La respiration passe donc par la maîtrise du travail en groupe et des réunions.

L'administration des années 2010 fait visiblement beaucoup d'efforts pour respirer. Le temps qui est passé en réunions est probablement équivalent à celui de n'importe quelle organisation privée et peut-être supérieur. Mais les services administratifs sont comme des asthmatiques : s'ils n'arrivent pas à respirer, ce n'est pas faute d'avaler de l'air, mais parce qu'ils n'arrivent pas à « se vider les bronches ».

Il en va ainsi du fonctionnement aberrant d'un grand nombre de réunions de service. Pour les cadres qui les animent, ces réunions ressemblent à des séries de monologues, au mieux de dialogues avec chaque participant pris tour à tour. Observez le comportement du participant qui a pris le pli de ce fonctionnement scolaire : pendant tout le déroulement de la réunion, jusqu'à son tour de parole, il gardera les yeux rivés sur ses notes, voire sur son travail en retard en spéculant, en fonction de l'humeur du chef et des exposés de ses collègues, sur la manière de développer les cinq minutes qu'il se réserve. Aucun travail en groupe, aucune écoute, mais quel sens du contournement des problèmes délicats ! Et avec des règles implicites qu'on apprendra vite aux nouveaux venus : « Vous n'intervenez surtout pas pour commenter le sujet présenté par un collègue : c'est son pré carré, seul le chef a le droit de réagir… »

Petit précis du participant pour respecter un rituel de réunion parfaitement inefficace

- mettez-vous toujours à la même place : pas de surprise, vous prenez le rôle qu'on attend de vous et vous pouvez penser à autre chose ;
- regardez régulièrement le chef dans les yeux, en opinant. Et n'oubliez pas de sourire à ses mots d'esprit. Il sera convaincu de votre implication et ne vous demandera pas autre chose ;
- n'intervenez surtout pas après un collègue pour donner votre point de vue sur ce qu'il a dit. Toute intrusion sur pré carré donne lieu à rétorsion… Il ne manquerait plus qu'il remette en cause votre univers !
- ouvrez votre ordinateur – à vous de voir si vous préférez traiter vos courriels en retard, en envoyer aux autres participants à la réunion, ou regarder l'actualité du cours de bourse ou des événements politiques ;
- partez avant la fin de réunion – avec un air désolé, mais ça n'est pas votre faute si vous avez une autre réunion qui commence, et qu'on a pris du retard à celle-ci.

La composition des instances va souvent de pair avec ces rituels : comment voulez-vous travailler efficacement avec quarante personnes – ce qui est le nombre de participants d'un certain nombre de réunions, pour l'État comme pour de grandes collectivités ou de grands hôpitaux…

De même, les réunions associant partenaires sociaux et administration sont la preuve qu'on peut encore vraiment faire de la productivité dans beaucoup d'administrations. Quel spectacle, surtout dans certaines administrations centrales de l'État ! L'important est la déclaration préalable de l'organisation syndicale. Parce que l'orientation du gouvernement est inacceptable ; que les principes du service public sont bafoués par la réduction systématique et aveugle des moyens ; que les partenaires sociaux ne sont pas considérés à leur juste place comme le montre l'envoi tardif du dossier qui leur a été adressé… Et si une organisation syndicale parle, il est bien sûr indispensable que les autres s'expriment à leur tour, dans l'ordre de préséance commandé par les résultats aux élections et par la tradition. Et si toute la matinée est consacrée à ces préliminaires et qu'il faut partir déjeuner parce qu'on a vraiment faim... Très bien ! C'est l'occasion d'exprimer son courroux face à une administration qui ne prend pas le temps de l'écoute et d'indiquer qu'on ne sait pas si on participera à la réunion suivante...

Spontanément, la plupart des cadres de l'administration manifestent leur frustration par rapport à ce mode de fonctionnement, qu'ils attribuent généralement aux défauts de leurs dirigeants. Pourtant, ils sont les premiers à reproduire ces comportements dès qu'ils sont eux-mêmes en situation d'animer une réunion. Car lancer une pratique de travail en groupe dans l'administration est toujours difficile.

Les chefs d'unité qui en prennent l'initiative s'en rendent compte. Quand on commence à faire des réunions de service, il faut s'attendre dans un premier temps à voir remonter à la surface des problèmes dont le responsable n'avait pas forcément conscience : problèmes matériels, difficultés entre personnes, incompréhension sur la nature et les priorités du travail à effectuer. Ou alors, de se trouver face à un silence pesant, qui fera un singulier contraste avec les sujets abordés dans les couloirs. Bien souvent, ces premières expériences sont suffisamment édifiantes pour que nombre de chefs de service, au départ bien intentionnés, changent leur fusil d'épaule et respectent à leur tour le rituel qu'ils déplorent...

« Que les comportements sont individualistes ! »

Les fonctionnaires sont loyaux dans l'administration française, et appliquent les instructions de leurs responsables quelle que soit la couleur politique de leur gouvernement ou de leur exécutif local. C'est une force remarquable quand on compare de ce point de vue la France avec la situation d'autres pays développés.

Oui, mais... loyauté ne va pas toujours avec engagement personnel et courage dans l'exécution des décisions. Que de situations où le responsable exprime d'abord et avant tout sa distance vis-à-vis des décisions prises plutôt que son engagement dans leur mise en œuvre ! Bien sûr, on fera. Mais avec un niveau d'implication et d'engagement qui ne rend pas optimiste sur l'efficacité de la mise en œuvre.

Comment ne pas se mouiller en présentant la décision de votre administration en réunion de service

Vous n'êtes pas enthousiaste de la décision prise par votre administration et vous avez peur des réactions de vos collaborateurs ?

Le mode d'emploi pour éviter des réactions négatives est simple :

- Commencez par la formule : « J'ai une décision du Ministre (variante : du DG, de l'élu, etc.) à vous annoncer. Elle est dure, mais j'ai voulu vous en faire part tout de suite. » Comme ça, pas de problème : on a compris que vous n'incarnez pas la décision, que votre courage se limite à la rapidité de votre rôle de télégraphiste.

- Ne justifiez pas la décision. Annoncez-la « brute de fonderie », en disant que c'est pour tout de suite partager l'essentiel. Ça vous évite d'endosser le raisonnement de votre administration et probablement sa logique.

- Prenez le temps d'écouter les récriminations de votre équipe. En montrant par vos acquiescements et vos regards au ciel que si vous n'étiez pas tenu par votre devoir de réserve, vous en diriez autant qu'eux.

- Et terminez la réunion en indiquant à vos collaborateurs que vous ne manquerez pas de faire part de leurs inquiétudes et insatisfactions à votre hiérarchie.

Ces comportements individualistes ne sont bien sûr pas liés à une psychologie de café du commerce qui décrirait le fonctionnaire comme égocentré et manquant de courage dans les relations humaines... Non, bien sûr ! Fondamentalement, les règles du jeu implicites de nombreuses administrations concourent à cette situation. D'une part, la prise de décision reste très centralisée dans beaucoup de situations et n'incite pas au travail collectif. D'autre part, les mécanismes de promotion et de carrière sont trop souvent liés à la fidélité à un « puissant », ou à une équipe, ou à une couleur politique, ce qui fait que ce n'est pas l'engagement résolu dans la mise en œuvre de décisions qui sera récompensé, mais la fidélité envers son promoteur !

Ajoutez à ceci la révérence accordée au statut des interlocuteurs – il est bien sûr très difficile de contredire son collègue ou son responsable quand il est polytechnicien, appartient au corps des Mines, et que vous êtes vous-même d'un statut inférieur démontrant votre infériorité intellectuelle... Contradiction et débat d'idées ne vont pas de soi !

L'équipe, maintenant un impératif catégorique

Les attentes des agents : trouver un sens collectif et une vie d'équipe

Contribuer à un projet collectif est une attente toujours plus importante pour les collaborateurs en entreprise. La fonction publique s'inscrit dans cette tendance, les attentes de ses agents sont même plus fortes que dans l'entreprise. Et que dire pour cette partie de la génération Y qui ne supporte pas indifférence et individualisme dans la société et voit ces comportements dans l'administration qui l'emploie, quelles que soient les valeurs qu'elle professe ?

Partager ensemble une situation complexe, donner son point de vue sur les difficultés vécues par un collègue, réagir face à ce qui semble une erreur de celui-ci et proposer d'autres manières de faire : autant de pratiques d'évidence quand on écoute les agents, sur le terrain, dans les services centraux, opérationnels ou en services supports. Et quelle désillusion pour eux quand ils constatent trop souvent l'individualisme et le quant-à-soi de leur administration !

Bien sûr, on apprend à jouer le jeu, et on suit l'exemple de ses collègues quand on a compris qu'il est difficile de fonctionner de manière collective. Et on investit d'autres univers – associatifs, syndicaux par exemple – pour développer un travail d'équipe. On pourrait mieux faire !

Surtout, l'impérieuse nécessité d'un travail collectif efficace pour faire face aux enjeux du service public

Regardez les yeux cernés de ces hauts fonctionnaires brillants, écoutez leur difficulté à faire face à la nécessité de décider toujours plus vite… et constatez les erreurs qu'ils font, aussi compétents et rapides soient-ils ! La prise de décision individuelle centralisée, l'omniscience supposée deviennent tout simplement hors de propos face à la complexité des problèmes auxquels doit faire face le service public.

Pour un directeur d'administration centrale d'un ministère, répondre illico à la demande de jeunes conseillers techniques du cabinet de son (ses) ministre(s) ; pour un DGS de collectivité territoriale, accéder à la demande de prise de décision immédiate de ses interlocuteurs syndicaux, mais aussi à l'exigence de résultats que lui expriment ses élus et aux arbitrages que requièrent ses collaborateurs conduit à trop d'erreurs et à des décisions infondées. Et bien sûr, à la déresponsabilisation d'équipes qui acceptent finalement ces modes de fonctionnement... « S'il tient vraiment à décider et à travailler seul, regardons-le. On lui rappellera peut-être qu'on l'avait prévenu quand il constatera ses erreurs ! »

GUIDE D'ACTION : LIBÉREZ LA PAROLE ET FAITES VIVRE UN COLLECTIF

Libérez la parole !

Pour dépasser le degré zéro du travail en groupe, les déclarations convenues, le contournement des problèmes, le premier devoir du patron d'équipe, avant de mettre en place outils, méthodes et trucs, est de libérer la parole dans les réunions. L'objectif ultime est bien sûr de créer une réflexion collective, où chacun se sente libre d'apporter sa contribution au débat pour trouver des solutions communes, et pas seulement pour représenter ses intérêts légitimes.

Mais cet objectif n'est accessible que si tous les participants ont d'abord le sentiment que l'expression est possible. Avant de construire, avant de trouver des solutions, il faut d'abord apprendre à nommer les problèmes, à les expliciter, même si cela implique certains désagréments. Le rôle du responsable est alors celui d'un facilitateur, et non plus d'un expert.

Cela suppose pour lui de laisser des plages d'expression aux collaborateurs et de rompre avec une logique apprêtée de prise de parole qui veut que le chef d'unité ait toujours son mot à dire ou sa solution sur n'importe quel problème. Moins de dissertation et plus de provocation, de comportements iconoclastes, sont les recettes les plus sûres pour faire sortir les collaborateurs du mutisme ou de leur prudente réserve.

Cela suppose aussi de regrouper dans la réunion de service tous les collaborateurs directs du chef d'unité, sans exclusive. La participation des secrétaires est souvent déterminante, même si elle n'a pas toujours lieu d'être permanente.

Dans certains cas, avant de prendre une décision lourde, pourquoi ne pas écouter les agents en direct ? Désormais, il est possible de faire des enquêtes internes anonymes *via* l'intranet. Passée la surprise initiale, lorsqu'on fait une telle enquête la première fois, on arrive à convaincre ses collaborateurs que chacun peut et doit exprimer ce qu'il pense, et que les différences seront écoutées et respectées. Les taux de réponse sont variables, mais au-delà de 30 à 40 % de réponses, on peut considérer qu'on a entre les mains un sondage qui donne des orientations assez représentatives.

Naturellement, il ne s'agit pas de faire un choix ou de le motiver exclusivement en s'appuyant sur le résultat du sondage, mais ces enquêtes permettent d'anticiper l'impact d'une décision difficile. En y faisant référence, on démontre en outre clairement qu'on est à l'écoute des attentes des agents.

Autre exercice dans une autre configuration : parfois, certaines décisions ou orientations prises suscitent des interrogations, des doutes, voire des rumeurs alimentées par des opposants irréductibles. Ou bien les critiques sont justifiées et il est nécessaire de canaliser l'expression pour mieux la prendre en compte et changer de pied, ou bien elles révèlent un défaut de pédagogie et laissent place à de l'incompréhension… Avant que les opposants n'arrivent à entraîner les agents indécis mais légitimement inquiets, une séquence de questions ouvertes et de réponses avec le public le plus large est un exercice à risque, mais le mieux à même de délivrer un message et des explications précis au plus grand nombre. La retranscription sous forme de « foire aux questions » sur un intranet permet en outre de formaliser les décisions sans ambiguïté.

Paradoxalement, la libération de la parole ne va pas de soi : dans des services dans lesquels les agents ont été habitués à mettre en œuvre des procédures et à ne connaître que l'autorité hiérarchique, se sentir « habilité » à exprimer son point de vue est inhabituel. Généralement, ceux qui participent sont les agents les plus investis dans leur métier :

ils ont envie d'améliorer leurs pratiques, ils considèrent qu'ils peuvent apporter un éclairage, grâce à leur expérience, ou tout simplement pour exprimer ce qui ne va pas... À l'inverse, ceux qui restent silencieux sont soit trop timides ou insuffisamment assurés compte tenu des conditions dans lesquelles ils ont été accoutumés à travailler, soit incrédules sur la volonté réelle, derrière cette initiative participative, d'apporter des améliorations.

Afficher sa volonté de libérer la parole ne suffit pas : il faut ensuite apporter la preuve qu'on en tient compte. Sinon, l'exercice suivant est un échec. Gardez la mémoire des questions qui vous ont fait bouger, valorisez les agents qui ont contribué positivement à l'exercice, y compris dans des interventions critiques... Ce n'est qu'avec le temps que vos agents comprendront que leur avis peut compter et qu'ils ne risquent pas grand-chose, une fois de temps en temps, à faire une intervention décalée, voire par trop impertinente : mieux vaut une énergie positive qui s'exprime, même maladroitement, qu'une résistance qui ne dit pas son nom !

L'écoute des agents en grand groupe : l'exemple des services de l'espace vert de collectivités locales

Libérer la parole ne va déjà pas de soi pour les petites équipes. Cela peut se transformer en un exercice redoutable pour les équipes plus nombreuses, *a fortiori* quand elles sont constituées d'agents de terrain avec une moindre habitude de la discussion collective. Des techniques existent cependant à cet effet, dont le « Philips 6 6 6 » parfois utilisé dans le monde associatif ou dans les collectivités locales.

Ainsi, le directeur général des services techniques d'une mairie voulait connaître les réactions des agents de l'espace vert par rapport à un projet d'évolution de méthode de travail qu'il avait présenté de manière synthétique, par affiche dans les lieux de prise de service, par la voie hiérarchique et lors d'échanges avec les organisations syndicales. Les remontées divergentes de ces canaux, la focalisation sur les seules questions de moyens ne lui permettant pas de tirer tous les enseignements, il décida de consulter directement les agents. Mais il devait donc résoudre un problème : comment faire face à une communauté nombreuse qui n'aime pas l'écrit ?

- Méthode suivie : des réunions avec soixante agents chaque fois, sur le lieu de travail (une serre).
- Introduction courte faite par le DGST, rappelant les principes de son projet.

- Trois questions posées : « Que trouvez-vous bien ? », « Qu'est-ce qui pose problème ? », « Qu'est-ce que vous ne comprenez pas ? »

- Déroulement de la séance : les agents rassemblent leurs chaises pour constituer des groupes d'une dizaine de personnes et échangent pendant une demi-heure sur ces trois questions. Puis, l'un d'eux se lève et parle pour tout le groupe pendant deux minutes.

- Intérêt de la méthode : elle permet d'avoir de manière rapide une consultation d'une population importante, sans mettre en place de logistique lourde et sans passer par l'écrit.

Travailler sur le sens... ça ne va pas de soi et ça s'explique !

Avec tout ce qu'on a à faire, a-t-on du temps à perdre à conceptualiser ce qu'on fait ? Malheureusement, au quotidien, encore faudrait-il avoir le loisir – et l'envie – de se poser la question. Or, dans toute équipe, mais *a fortiori* dans les services publics, le poids d'exécution des tâches dites fatales conduit trop souvent à se servir d'elles comme d'excuses. Même la routine des procédures administratives est de façon inconsciente le prétexte fréquent pour ne surtout rien changer et ne pas remettre en cause ce qu'on fait. On verra plus loin pourquoi cette remise en cause devient une obligation à l'occasion de la mise en place de démarches qualité.

L'opportunité se présente rarement de revenir au sens dans la vie d'un service public. Finalement, cela ne va-t-il pas de soi ? On travaille pour l'intérêt général, on met en œuvre des politiques décidées par des responsables politiques et des procédures décidées par des administrations centrales, généralement après de longs processus de concertation avec les acteurs socio-économiques concernés. Si ce travail a été fait et si de l'énergie y a été longuement consacré, à quoi bon se poser des questions inutiles auxquelles il a déjà été répondu ?

Le problème, c'est que la rencontre entre la commande politique et les attentes des populations locales ne va pas de soi. Il faut bien souvent adapter les politiques à chaque cas d'espèce, en se focalisant sur l'esprit des textes, sans méconnaître leur lettre. Travailler sur le sens est un investissement utile : moyennant l'association des agents à la définition des priorités, la fixation des objectifs et l'interprétation des orientations générales, la construction d'un fonctionnement collectif permet de faciliter leur mise en œuvre au quotidien, dans une compréhension partagée de la direction dans laquelle il convient d'aller, sans devoir l'expliquer tous les jours...

Mettez en place un rythme et des méthodes pour une vie d'équipe

Une des premières vertus d'une réunion de service, c'est sa régularité et son immuabilité, non pas dans le style et le contenu, mais dans le temps. Il est donc impératif, si l'on veut créer un comportement d'instance, d'établir une plage fixe, connue de tous et validée par un calendrier établi plusieurs mois à l'avance. Dans la plupart des cas, le rythme hebdomadaire est trop fréquent pour une réunion longue et risque de faire sombrer dans le syndrome de la réunion alibi : chacun occupera la montre, on parlera des affaires en cours mais rien d'important ne se fera. Si des contacts opérationnels très fréquents sont nécessaires, il est préférable d'instituer des *briefs* plus courts, plus réguliers, et avec un moins grand nombre de participants.

A contrario, le rythme mensuel est trop dilué dans le temps : entre deux réunions, les participants perdent le contact avec les problèmes évoqués et trouvent d'autres moyens de s'ajuster. La réunion devient alors une grand-messe empreinte de formalisme (on retombe dans le syndrome des petits papiers).

Entre les deux écueils, une situation médiane est possible pour chaque unité, qui permet à la fois de prendre des décisions utiles dans l'instant et de ne pas sombrer dans la revue de détail.

Le *brief* quotidien : une méthode très opérationnelle pour s'informer et s'ajuster

Origine : les méthodes d'état-major dans l'armée, les points matinaux dans les usines qui fonctionnent vingt-quatre heures sur vingt-quatre.

Configuration réduite aux responsables opérationnels directement concernés.

Thèmes sur deux points clés : l'information sur l'urgent et la prise de décisions prioritaires.

Durée : jamais plus de vingt à trente minutes.

Posture : debout. Cela accélère la réflexion, rend moins convenus les échanges et empêche à la réunion de s'éterniser.

Lieu : le bureau de l'agent de maîtrise, la tente du général... dans tous les cas, autour d'une tasse de café !

Du compte rendu et de l'ordre du jour de la réunion de service

Il n'y a pas de bonne réunion de service sans ordre du jour... Le leitmotiv est bien connu et pourtant mal respecté dans de nombreuses organisations publiques.

Plutôt que de s'imposer des règles complexes de consultation à l'avance des participants – règles qui, en tout état de cause, ne sont jamais respectées – mieux vaut opter pour la simplicité : un thème de fond choisi lors de la réunion précédente, voire plusieurs réunions à l'avance, et consigné dans le compte rendu, au besoin rappelé sur le tableau d'affichage ; des thèmes plus ciblés apportés par les participants, qui peuvent faire l'objet d'un échange verbal avant la réunion.

Par rapport à ces thèmes de fond, une discipline à adopter : la mise au point et la prise de connaissance de documents, préalable à la réunion. Cela permettra de consacrer plus de temps au débat et à la prise de décision et à chacun d'être actif – ou réactif – par rapport à un contenu de départ.

Le compte rendu n'est pas un procès-verbal de greffier... où le pire est encore de retrouver des citations : « Monsieur le directeur a dit que... »

Un compte rendu efficace, et donc communicable au besoin à des non-participants à la réunion, doit tenir sur deux pages maximum :

• une page de résumé de décisions et d'informations clés, avec leurs attendus (très schématiques) ;

• une page de plan d'action sommaire, par exemple un tableau à trois colonnes (qui – fait quoi – pour quand).

Bien sûr, il est inutile de relater les éléments trop personnels ou confidentiels si la réunion de service les a abordés.

Le meilleur test de l'efficacité de vos comptes rendus sera de jouer la transparence et de les passer par exemple à des non-participants à la réunion.

La pratique du compte rendu fait en direct pendant la réunion sur l'ordinateur du « greffier », le participant en charge du compte rendu, a l'immense avantage de la rapidité – le compte rendu peut être diffusé dès la fin de la réunion – et de la fiabilité – le greffier devant s'assurer qu'il a bien enregistré les décisions au fur et à mesure du déroulé de la réunion.

Sans oublier que, pour une réunion de service, le compte rendu ne sert que s'il sort au plus tard quelques heures après la fin de la réunion. Sinon, autant ne pas le faire !

Le respect d'un cadre régulier en matière de durée est une autre donnée importante de l'automatisme à acquérir. Ne pas dépasser une heure et demie est un conseil qui s'avère payant, la productivité d'un groupe déclinant en général rapidement au-delà de cette durée.

Schématiquement, et sans prétendre à des règles de portée générale, on peut utiliser le temps comme suit :

• commencer par trente minutes de prise de décisions ponctuelles. Ce début garantit à la fois une présence à l'heure exacte des participants et une entrée plus rapide dans le vif du sujet (commencer par un tour de table d'information fera inévitablement basculer dans l'anecdotique). Ces décisions constituent par ailleurs une excellente légitimation de la productivité du travail en groupe ;

• lisser une demi-heure sur un, au maximum deux, thème(s) de travail en groupe, thèmes prévus à l'avance, au besoin préparés par des documents préalablement distribués. Il est alors utile de mettre en première ligne d'autres personnes que le responsable pour animer les travaux. Cela donnera à d'autres l'habitude de gérer la réunion et laissera le chef d'unité plus libre sur le fond ;

• terminer par vingt minutes d'information générale, de tour de table, ce qui limitera les épanchements et les considérations générales au strict nécessaire ;

• enfin, il est souvent utile de conclure par un rappel rapide des principales décisions et des conditions de leur mise en œuvre (le plan d'action).

Thèmes à aborder et thèmes à éviter en réunion de service

Thèmes à aborder	Thèmes à éviter
L'organisation et la vie du bureau dans ses aspects généraux et communs : • budget, • moyens, • règles du jeu, • méthodes de travail. La répartition du travail, des dossiers, le mode de traitement des nouveaux projets, tout sujet de fond sur la politique et les missions de l'unité. Le calendrier de la semaine ou du mois, sous réserve qu'il ait été diffusé au préalable et que la discussion porte par exception sur les moments d'intérêt collectif par leurs enjeux ou la préparation qu'ils requièrent.	Le suivi détaillé des dossiers (mieux vaut faire une réunion *ad hoc* sur un dossier complexe que de faire perdre son temps à la moitié de l'assistance). Des problèmes trop individuels concernant certains participants. L'évaluation personnelle du travail d'un collaborateur. La vie personnelle du chef d'unité, ses difficultés avec sa direction, les critiques sur les autres services de l'administration.

Respecter un cadre formel pour les réunions de service ne veut pas dire pour autant qu'on ne choisit qu'un format. Quand un ordre du jour mélange des temps d'information descendante, des temps d'échanges rapides sur les agendas ou les dossiers, il est parfois plus difficile de laisser une respiration suffisante pour les sujets de fond qui nécessitent alors un peu de temps sans contrainte horaire.

Essayez de voir s'il n'est pas plus sage d'alterner des comités à géométrie variable : réservez les réunions à fréquence maximale pour les sujets à cinétique rapide, et prévoyez des réunions à intervalles plus espacés pour des sujets de fond sur lesquels il est important que vos collaborateurs expriment leurs idées et leurs propositions.

Pour les premières, encouragez vos collaborateurs à ne s'exprimer que sur des sujets d'intérêt commun, plutôt que de passer par le menu leur agenda de la semaine passée et de la semaine à venir. Le cas échéant, s'il faut prendre des décisions dans un calendrier contraint, confiez-en la préparation en amont à un de vos collaborateurs, de sorte que ce temps collectif se focalise sur les désaccords et les arbitrages.

Pour les secondes, veillez à ce qu'elles soient préparées en amont, avec un ordre du jour et une structuration qui démontrent votre intention d'écouter et d'échanger avec vos collaborateurs – un nombre d'items limités, des plages horaires élargies, etc.

Quatre idées pour sortir de la routine dans vos réunions de service

La routine est l'ennemi de l'efficacité des réunions de service… et on y tombe très vite ! Quatre idées pour en sortir :

- Changez de place. Mettez-vous cette fois entre deux collaborateurs qui profitent de la réunion pour régler leurs questions personnelles, et à la réunion suivante, à la place du fond de la salle d'habitude réservée au stagiaire…
- Pour une fois, fâchez-vous si les décisions prises lors de la réunion précédente n'ont pas été mises en œuvre. Votre posture empathique face à la difficulté des temps et à la surcharge de travail de vos collaborateurs n'est pas toujours la plus appropriée à l'atteinte de résultats !
- Faites tenir la réunion en votre absence. Vous viendrez aux résultats lors de la réunion suivante, n'est-ce pas ?
- Interrogez M. Dupont sur les dossiers traités par M. Durant. Le cas échéant, en le prévenant en avance, pour éviter sa timidité et l'effet de surprise.

Quelques idées pour répartir la parole en réunion

Le gage d'une réunion efficace reste la gestion du temps et le respect mutuel des participants… à condition de ne pas frustrer les uns en ne leur donnant par la parole, tout en la donnant à d'autres qui n'en finissent plus.

Restez inflexible : c'est vous qui donnez la parole et personne d'autre. Même quand quelqu'un la prend sans l'avoir demandée, c'est à vous de juger immédiatement si vous laissez le débat s'engager, ou si vous souhaitez que le premier intervenant termine son exposé.

Dans le même esprit, modifiez et arrêtez l'ordre des points de l'ordre du jour au tout début. Ne vous laissez pas perturber dans le fil de la réunion par ceux qui doivent s'éclipser plus tôt : ils devaient prévenir tous les participants au début et vous deviez obtenir l'accord de tous avant de commencer. Sinon, la prochaine fois, chacun aura le sentiment qu'il peut faire pareil.

Laissez la parole s'exprimer librement, suscitez des réactions : mieux vaut une décision fondée sur un échange ouvert et contradictoire que sur un accord implicite silencieux, au risque de découvrir après coup le désaccord d'un de vos collaborateurs.

Veillez progressivement à orienter la forme des interventions de vos collaborateurs : quand les interventions s'étirent en longueur, n'hésitez pas à les raccourcir en demandant à l'intervenant de conclure et de passer son message. Chacun doit progressivement comprendre ce qui mérite d'être dit ou, à l'inverse, ce qui est superfétatoire.

Pour écourter les réunions, exprimez une proposition de synthèse le plus rapidement possible après avoir écouté les propositions complémentaires ou contradictoires de vos collaborateurs : n'attendez pas un tour de table complet – il n'est pas certain que les dernières interventions aient une grande valeur ajoutée, après les deux ou trois premières interventions. Vous ferez gagner du temps à tout le monde !

N'intervenez pas frontalement ou directement dans un conflit entre collaborateurs : laissez-les échanger leurs arguments : vous pourrez proposer une synthèse équilibrée dans les meilleures formes. Par contre, si un des intervenants ne respecte pas les règles minimales de courtoisie et d'écoute, reprenez la main fermement.

Organisez des événements pour souder l'équipe et aller au fond des problèmes

Aussi pertinentes soient-elles, les réunions de service ou de comité de direction doivent être complétées de temps à autre par des événements plus forts qui permettent, dans un cadre mi-studieux mi-convivial, d'aller au fond des choses. Il ne s'agit pas d'opter pour le trekking au Sahara ou le stage de survie – à l'évidence, ni les finances, ni la culture de nombreuses organisations publiques ne s'accommoderaient de ces événements décalés. Pour autant, il est toujours utile et possible de se retrouver tous les six mois ou tous les ans dans un autre contexte, pour prendre du recul par rapport à une pratique quotidienne trop connue, mais surtout pour apprendre à se connaître en dehors de la scène habituelle.

Les réticences à participer à ce type de réunion tiennent souvent à la peur de l'intimité avec des individus qui ne sont, tout compte fait, que des collègues de travail… à garder absolument éloignés de sa vie personnelle ! Pour les cadres qui y participent, l'intérêt de ces journées est paradoxalement cette découverte d'individus qui ne se résument pas à une fonction dans l'organigramme et l'utilité qu'ils y trouvent est immédiate dans la possibilité de résoudre plus facilement les problèmes du moment. Le temps passé en convivialité fait bien souvent découvrir de nouvelles approches des problèmes et permet aux participants de se livrer.

À fréquence périodique courte, on peut recommander des temps d'acculturation collective : le plus souvent, dans des organisations administratives complexes, on ne prend pas le temps de connaître son voisin… Souvent car on n'a pas l'idée que ce qu'il fait peut être intéressant, mais aussi tout simplement parce qu'on est soi-même débordé par les commandes de sa hiérarchie. Dans certaines cultures de services publics, il n'est même pas imaginable d'organiser des séances d'information inutiles sur le temps de travail… Certes, on ne saurait encourager tous les agents d'un service à communier ensemble pour écouter un tiers, venant expliquer ce qu'il fait, sans grand rapport avec ses priorités quotidiennes. Néanmoins, occasionnellement, ces instants sont des moments de partage, voire d'« enrichissement personnel », qui, outre l'intérêt qu'ils peuvent procurer, permettent de renforcer l'esprit d'équipe et, qui sait, un jour, réveilleront une « alerte » dans le traitement d'un dossier.

Un grand classique sont les « lundis » ou les « jeudis » de tel service : un agent est sollicité pour venir parler de son métier, en expliquer les enjeux et les difficultés. Une autre formule : les « petits déjeuners » ou les « cafés » consacrés à une thématique. Plusieurs agents de services différents viennent plancher sur une thématique commune : ils découvrent alors ce qui les rend proches de voisins qu'ils côtoyaient à peine et cela leur permet d'élargir leurs réseaux à de nouveaux « amis ». Tout le monde apprend un peu plus, pas nécessairement pour faciliter le traitement de son dossier, mais une connaissance élargie de son contexte de travail lui donne un recul accru et une meilleure intelligence des situations.

Autre formule, moins fréquente cette fois : celle qui consiste à mettre ensemble délibérément des agents de services très différents et à « forcer le mélange » (à condition de les faire travailler sur une problématique commune). Cette fois, outre l'écoute mutuelle des perceptions des uns et des autres, cet exercice agit comme un miroir vis-à-vis de chacun : alors qu'enfermé dans son quotidien, on perd de vue qu'il peut y avoir plusieurs façons de penser et de faire, écouter les autres conduit justement à se rendre compte de ce qui fait que sa pratique est différente de celle du voisin. Naturellement, il faut des facilitateurs pour que cela fonctionne : rien n'est plus difficile que de rendre compréhensible ce que l'on fait à quelqu'un qui a des habitudes différentes... en lui donnant envie d'écouter.

Enfin, cette partie ne serait pas complète si on ne mentionnait pas les « sorties » de service : sortir de la routine quotidienne, sortir du cadre et du lieu de travail quotidien, faire connaître ses collègues en dehors des référentiels traditionnels, etc. Passée la timidité initiale, dès lors que l'on comprend que rester sur la réserve serait la pire des choses, chacun s'investit à sa façon dans la découverte des autres, de leur diversité, de leur hobby, etc. : Untel vient avec son instrument de musique, Unetelle cuisine son plat préféré qu'elle réussit à merveille... Quand l'adversité s'en mêle (le mauvais temps, le coup de fatigue d'un collègue, voire un vol ou un incident), c'est ce collectif d'un jour qui se soude, même si on n'ira pas jusqu'à souhaiter que cela se produise !

Formules de convivialité

Quand il s'agit de faire se rencontrer hors du lieu de travail, l'imagination déborde quant au choix des formules retenues.

Certaines restent classiques. Ainsi, la réunion annuelle d'une direction d'administration centrale de ce ministère ouvert sur le monde rassemble les quatre cents agents pour analyser la politique de la direction et se poursuit par la visite d'un monument historique.

D'autres le sont moins. Ainsi, le receveur du ministère des Finances organise son méchoui annuel avec tous les agents de son unité de douze personnes et en tire probablement plus de profit qu'une simple partie de campagne.

La cavalcade du préfet sur la plage à l'issue d'un séminaire associant les chefs de services déconcentrés est plus sportive... mais a un vrai impact sur la réputation du préfet, visiblement homme d'équipe quand on est sur le terrain !

Les visites d'entreprises souvent développées par des équipes de direction de collectivité territoriale dénotent une ouverture certaine sur le monde économique.

Dans le style « déboutonnage collectif », on signalera tout particulièrement cette première convention d'un organisme créé il y a quelques années, au cours de laquelle tous les participants, cravatés pour les hommes, entraînés par une troupe brésilienne, se sont chacun emparés d'instruments de carnaval, ont appris, en quelques minutes hésitantes, à s'en approprier une phrase musicale unique répétitive, avant de se rejoindre dans un tout improbable, avec une rythmique implacable : même le plus coincé des participants pouvait difficilement, à la fin, ne pas se sentir membre de ce nouvel ensemble. Il pouvait difficilement imaginer que ce serait sur un rythme de samba et non pas au service de son nouveau patron...

Quant à la séance hebdomadaire de cri primal organisée par un chef de service de collectivité territoriale... Pourquoi pas ?

Sortez d'une vision stéréotypée des relations sociales

Le constat développé plus haut concernant les « postures du dialogue social » serait bien désespérant si la réalité s'arrêtait là. Il en va du dialogue social comme de beaucoup de choses : il sera ce que vous en ferez, même si un des paramètres non maîtrisables reste celui de la représentation syndicale au sein de votre service.

Pour faire du dialogue social un outil constructif de management, il y a là aussi quelques idées à prendre en compte.

• Au-delà des postures politiques, les représentants syndicaux tirent leur légitimité de leur élection : posez-vous toujours la question de savoir pourquoi ils tiennent une position. Certes, certains d'entre eux suivent « la ligne du parti ». Mais le plus souvent, sur les sujets du quotidien, ils sont aussi là pour porter les messages pour lesquels vos agents les sollicitent. Sachez séparer ce qui relève de la ligne politique générale des autres revendications légitimes dont ils se font l'écho.

• Si vous êtes crédible et fiable, avec le temps, ils le savent. Ils acquièrent ainsi la perception qu'au-delà des postures, ils peuvent parler sérieusement avec vous sur certains sujets de fond. Ce n'est pas gagné à tous les coups, mais les relations au travail se bâtissent aussi, et avant tout, sur la confiance. Ainsi, derrière le spectacle des CTP (Comités techniques paritaires), au cours desquels chacun joue son rôle, l'essentiel est de préserver des espaces moins théâtraux pour échanger sur le fond des enjeux.

- Dans certains cas, sachez mesurer en quoi leur position de fond peut être différente de la position qu'ils expriment : ils doivent aussi jouer le jeu de ceux qu'ils représentent.

- Dans les situations les plus favorables, n'hésitez surtout pas à les intégrer en amont dans la définition des politiques et des principales orientations : rien ne dit que leurs positions seront *a priori* à l'opposé des vôtres. Au contraire, ils feront partie des agents qui connaîtront le mieux vos intentions et pourront le mieux expliquer leur adhésion ou leurs points de désaccord aux agents qu'ils représentent : l'important n'est pas qu'ils soient d'accord avec vous sur tout, mais qu'au moins, le maximum de personnes connaissent vos positions, quelles qu'elles soient, de façon à faciliter un débat, voire des controverses, sur des bases saines.

En dépit de tout cela, ne vous attendez pas à ce qu'ils abandonnent leurs revendications « matérielles », que ce soit sur le temps de travail, les rémunérations, etc. : ils ont été élus pour cela. Mais la conscience partagée des orientations de fond facilitera au moins la compréhension de vos contraintes et permettra de comprendre pourquoi vous dites parfois oui et parfois non.

L'équipe ne se limite pas à la caste des cadres !

La tradition des relations hiérarchiques dans les services publics conduisait souvent à accorder une attention proportionnelle à la catégorie d'appartenance des collaborateurs : si l'équipe de direction doit faire à l'évidence l'objet de l'attention prioritaire du chef de service, le souci premier de ne pas contourner ses plus proches collaborateurs a parfois fait oublier l'importance de s'intéresser personnellement aux autres personnels.

Dans une vision un peu datée des organisations, les collaborateurs – et plus souvent les collaboratrices – chargées des fonctions d'accueil, de secrétariat, logistiques, etc., sont des « esclaves » au service d'une pyramide de responsables. Chacune des quatre grandes catégories administratives étaient quasiment à l'image des castes hindoues : une paroi de verre rendait toute émancipation impossible.

À l'ère moderne, cette vision nécessite un sérieux dépoussiérage. En premier lieu, si, avant le développement de la bureautique, les secrétaires étaient avant tout des jambes indissociables de leur tête – on ne connaît pas beaucoup de corps qui avancent sans leurs jambes… –, les repères ont largement bougé avec l'émergence de la génération Y. Désormais, de nombreux cadres assurent eux-mêmes des fonctions antérieurement assurées par leurs secrétaires sans les considérer *a priori* comme impures – l'utilisation du traitement de texte fait désormais tellement partie de la culture enseignée dans les écoles qu'il serait même tout à fait incongru de vouloir confier aux personnels de secrétariat la « frappe de base » d'un document. À l'inverse, le rehaussement progressif du niveau des diplômes des agents de catégorie B et C conduit nécessairement à leur confier des missions qui ne se limitent pas à de l'exécution à la demande.

Le regard s'éclaire encore plus quand on revient à ce qui fait la valeur ajoutée des processus administratifs : la circulation de l'information. Grâce aux nouveaux outils de communication, l'information circule désormais par tous les canaux techniques et humains. La différenciation entre catégories est alors encore moins pertinente et conduit à reconsidérer la « valeur ajoutée » de chaque agent avec un nouveau filtre. N'importe quel patron sait particulièrement bien l'importance d'une bonne assistante, contact privilégié des interlocuteurs extérieurs, à l'écoute de la « bobologie » interne, et au cœur d'un réseau informel d'homologues, capteurs vigilants de l'ambiance générale…

Dans le fonctionnement d'organisations de plus en plus complexes, les soi-disant « petits personnels » sont bien souvent ceux qui connaissent les grains de sable qui enrayent la machine ou du moins qui en ralentissent la logique implacable. Si la responsabilité du chef est de construire des organisations fonctionnelles et efficaces, de lever les obstacles les plus lourds, on oublie trop souvent le gain d'efficacité apporté par des actions au plus près du terrain. S'il est difficile de s'en occuper personnellement au niveau le plus élevé, il est important que cette culture imprègne l'ensemble de l'encadrement pour que chacun à son niveau s'y investisse autant que nécessaire.

En premier lieu, il est important de bien connaître les capacités et motivations de chacun. Untel qui occupe un poste d'exécution peut parfaitement avoir un diplôme surdimensionné. Ce serait quand même du gâchis de ne pas en tenir compte. En outre, en connaissant ces « ressorts » individuels, on peut parfaitement savoir si ces collaborateurs ont une énergie et un dynamisme qui ne demandent en fait qu'à s'exprimer ou s'il sera difficile de dépasser une vision « alimentaire » de leur travail.

Toute la priorité du manager est de mobiliser, dans un intérêt partagé, les énergies présentes au sein de son service. Considérer que l'énergie d'entraînement de la machine n'est située qu'au sommet conduit à sous-estimer toutes les autres ressources diffuses dans l'ensemble de l'organisation. Il s'agit bien d'un intérêt partagé, dès lors que l'intérêt collectif est naturellement de fournir aux agents les plus désireux de progresser les moyens d'élargir le socle de base de leurs missions, en leur confiant de nouvelles compétences, dans un cercle vertueux qui les conduit à en faire profiter l'ensemble de la structure.

Dans le même esprit, les agents doivent être associés de façon indifférenciée à tous les moments du fonctionnement des services (des comités de direction, des séminaires, etc.). Il peut également être pertinent de formaliser des « réseaux informels » pour les conduire à se rencontrer et partager sur des problématiques communes. Par exemple, un des sujets les plus complexes à organiser, mêlant des personnels de toute catégorie, est certainement l'accueil. Désormais, l'essentiel de l'accueil d'une organisation est téléphonique : c'est la porte d'entrée principale sur une organisation administrative. Elle doit donc être organisée dans une logique de service, avec la contribution active des cadres. Là encore, c'est une mutation importante, à partir d'une vision initiale où l'accueil était physiquement centralisé à un endroit... De même, l'organisation de la circulation du courrier, une des fonctions supports considérées le plus souvent comme ancillaires présente de plus en plus une importance critique, à l'heure où les courriers peuvent être physiques ou électroniques. C'est un sujet dont les cadres doivent s'occuper. Son optimisation requiert une implication de toutes les catégories de personnels.

Vers un management 2.0 ?

Les agents les plus jeunes ont désormais été formés avec des ordinateurs dès leur enfance. Les systèmes de messagerie se sont développés dans le courant des années 1990, Internet avec un léger décalage. La génération Y laisse place peu à peu à des générations Google, Facebook, Twitter... Sans manifester un optimisme et une candeur débridée vis-à-vis de ces nouveaux outils, il est important d'en prendre conscience pour le management quotidien. Les caractéristiques de la génération Y – déjà une génération Z ? – devraient être encore accentuées : un flux d'information désormais infini, où la frontière entre le public et le privé devient de plus en plus floue, un accès à l'information à une vitesse jamais égalée auparavant. La seule limite pour accéder à l'information devient la capacité de chacun à la trier, à utiliser des moteurs de recherche, etc. Comment valoriser au mieux ces capacités et compétences, dans un monde où, originellement, la maîtrise de l'information légitimait le pouvoir ? Les réseaux d'échanges sont à la fois multiples, informels, permettant à chaque individu d'exprimer plus directement son point de vue, mais aussi de participer à de nouvelles communautés ou de nouveaux rapports de force. Le processus de décision devient encore moins modélisable et la ligne hiérarchique encore plus secondaire.

Plus loin encore : désormais, chacun a la capacité de modifier la connaissance en temps réel, sur le modèle de Wikipédia, avec une participation à des débats de plus en plus interactifs, en réseau. Avec ces nouvelles facultés, les plus jeunes ont appris très rapidement à se méfier de la qualité de l'information, plus foisonnante mais aussi plus incertaine que jamais : auparavant, on accédait à 10 % de l'information nécessaire et elle était fiable à 100 % ; aujourd'hui, on a accès à 99 % de l'information, mais elle est fiable à 90 % seulement...

Les conséquences de ces nouveaux outils et de cette nouvelle « mentalité » sont incommensurables sur l'espace et le temps. Le management, même modernisé, devrait en connaître de profonds bouleversements dont on se gardera bien ici de lister toutes les caractéristiques :

- le nomadisme : malgré plusieurs tentatives pour organiser le télétravail, son essor reste encore incertain. Par contre, le nomadisme professionnel, plus « plastique » et moins organisé, devient possible, voire nécessaire pour réduire les coûts de déplacement, grâce au transport avec soi de bibliothèques complètes, de son courrier et de la plupart de ses outils de travail. Comment penser l'organisation physique d'une équipe ? Comment prévoir des « points de rencontre » communs à tous ?

- la fluidité et le tri de l'information : toute circulation maîtrisée de l'information devient, encore plus qu'aujourd'hui, une illusion. Les systèmes de management doivent dès lors être conçus pour rendre efficace l'accès à l'information disponible, permettre à l'équipe de trier rapidement l'information dont elle a besoin et éviter de la noyer sous l'information inutile ;

- des nouvelles dynamiques collectives : chaque chef d'équipe devient un nœud de réseau. Sa valeur ajoutée et son rôle ne peuvent plus se limiter à une « maîtrise de son territoire », mais doivent au contraire s'étendre à l'établissement de connexions avec un maximum de nœuds de réseaux à l'extérieur. Bien sûr, il convient, comme par le passé, d'organiser son territoire, mais il faut aussi veiller à lui donner accès à ce dont il a besoin pour travailler rapidement et correctement, tout en participant soi-même à une multitude de « communautés » et y contribuer activement ;
- une cohésion interne en danger ? Assurer la cohésion entre les générations X, Y et les plus jeunes pourrait devenir un vrai défi. Si les plus jeunes se sentiront rapidement familiers avec ce type de fonctionnement, il ne faudrait pas laisser les plus anciens, qui restent les plus expérimentés, assis sur un savoir éprouvé, « décrocher » et être dépassés par ce tourbillon nouveau. Malgré les réticences initiales de cette génération à s'approprier les outils modernes, il est important de les accompagner spécifiquement.

Donnez-vous pour objectif de rendre les équipiers plus polyvalents

Comment répondre simultanément aux problèmes d'effectifs et à la frustration des agents devant le gaspillage de leur potentiel, sinon en se donnant pour objectif de développer à la fois polyvalence et partage des compétences ? Du point de vue de l'individu, la responsabilisation sur des activités complexes est, on l'a vu, la solution la plus efficace et celle qui engendre le moins d'erreurs dans le service rendu au client. Mais le responsable d'unité confronté à de nouvelles contraintes ne peut s'arrêter là : il sait que, même marquée du sceau de la responsabilité individuelle, une organisation du travail trop personnalisée ne va pas résister aux difficultés de la gestion d'un effectif réduit – absences, vacances, périodes de pointe. Il sait également que ce qui a été vertueux un jour pourra l'être moins le lendemain et que les espaces individuels de responsabilité pourront se transformer en autant de baronnies inaccessibles. Il sait enfin qu'il lui faut développer une organisation simple, flexible, fondée sur une polyvalence qui ne signifie pas travail en miettes découpé au gré des besoins, mais à la fois maîtrise par la majorité des collaborateurs d'un ensemble d'activités nécessaires à l'unité et intérêt du travail de chacun.

En bref, il s'agit de concilier les exigences de l'individu d'une zone d'autonomie reconnue et celles du maintien d'une fluidité d'ensemble dans l'unité. Ce qui n'est ni facile, ni impossible, loin de là. Comme dans toute évolution d'organisation, l'essentiel est dans le « comment », en l'occurrence dans la manière dont le responsable va chercher à introduire plus de polyvalence.

Le terme « polyvalence » n'est pas sans équivoque et mérite d'abord d'être précisé. En simplifiant les choses, il s'agit dans l'administration de faire en sorte que 80 % des dossiers et des activités d'une équipe puissent être pris en charge par chacun, ou au moins par la majorité des membres de cette équipe, afin de dégager les vraies expertises pour les 20 % des cas les plus délicats.

Cela n'interdit en rien une organisation plus personnalisée au quotidien, avec des dominantes, des zones de responsabilités personnelles. L'essentiel est de pouvoir compter sur cette polyvalence et la mettre en pratique chaque fois qu'un besoin se fera sentir : surcharge temporaire de travail, effectif réduit par rapport à la normale, nécessité de gagner du temps pour pouvoir mener en parallèle de nouvelles activités, conséquence d'une informatisation…

Cet objectif dépendra évidemment de la nature plus ou moins routinière des activités.

Par exemple, dans un bureau d'état civil soumis à des demandes répétitives mais disparates (fiches individuelles, enregistrement d'actes divers, renseignements…), l'objectif sera d'organiser la polyvalence complète sur toutes les activités pour permettre de réduire les files d'attente, de maintenir le service ouvert à l'heure du déjeuner et d'améliorer l'ambiance lors des coups de feu de la semaine.

• En revanche, dans un service technique qui gère un nombre plus réduit de dossiers lourds et complexes, il faudra parvenir à responsabiliser le plus grand nombre de personnes sur le montage et le suivi d'un dossier dans son intégralité, ce qui permettra à la fois d'augmenter le rendement du service et aux meilleurs spécialistes de consacrer leur temps en priorité aux cas vraiment complexes. À défaut de pouvoir responsabiliser complètement des rédacteurs sur tout un dossier, il faudra par exemple constituer des binômes technicien-rédacteur permettant un meilleur suivi et un meilleur échange d'information.

Tous les cas de figure sont donc envisageables autour des mêmes principes : faire coïncider une meilleure répartition de la charge de travail et ce qu'on pourrait appeler un nivellement par le haut, visant au partage le plus large des compétences nécessaires à la vie quotidienne de l'unité.

Polyvalence ne veut pas dire « bon à tout, bon à rien »

Bien sûr, objectera le responsable d'unité soucieux de concret, tout cela sonne bien en théorie, mais dans la pratique, traiter mes dossiers de subvention comme vous le proposez reviendra à faire faire n'importe quoi par n'importe qui : « Bon à tout, bon à rien. »

Non ! Il ne s'agit pas de nier le rôle des vrais spécialistes, dont on parlera plus tard, mais plutôt de faire accéder tous les agents, quelle que soit leur catégorie statutaire, à un rôle impliquant l'exercice d'activités et de compétences plus larges. Il faut partir du principe que, dans toute unité, des savoir-faire existent, qui permettent de traiter la plupart des dossiers de manière relativement banalisée (c'est-à-dire codifiée suivant une expérience, une pratique facilement transmissible à d'autres agents), et ne pas oublier qu'une polyvalence réelle ne se met pas en place en une semaine, mais résulte plutôt d'un travail de six mois.

La réponse à ces questions essentielles pour l'organisation de l'unité ne doit pas se faire à vue mais en partant d'une mesure simple de l'organisation existante et des possibilités d'évolution, car, d'une unité à l'autre, la polyvalence potentielle ne sera pas la même. Dans certains cas (plutôt celui du bureau d'état civil évoqué plus haut), on aura intérêt à pratiquer à fond la polyvalence pour l'ensemble des activités. Dans d'autres cas (par exemple, le bureau qui monte des dossiers assez techniques), on aura intérêt à la concentrer sur les activités les plus accessibles à la majorité. Par ailleurs, toutes les personnes, tous les profils n'y seront pas également aptes.

Mesurer la polyvalence et les compétences nécessaires

Un chef d'unité dont l'activité consiste à 75 % dans le traitement de dossiers de subventions souhaite développer la polyvalence au sein de son équipe, face à une charge de travail de moins en moins bien maîtrisée. Il commence par établir la matrice de polyvalence de son unité, c'est-à-dire la mesure de la capacité de chaque agent à exercer, au quotidien, les différentes activités liées aux dossiers de subventions.

Matrice de polyvalence (pour un service du ministère de la Culture)

Activités liées au traitement de dossiers de subventions	Réception et enregistre-ment des demandes	Traitement adminis-tratif des demandes (dossiers)	Entretiens d'approfon-dissement avec les demandeurs	Commissions d'attribution	Suivi budgétaire des dossiers
M. Cassegrain	0	0,25	1	1	0,5
Mme Girard	1	1	0,25	0	0,75
Mme Sanzy	1	0,5	0	0	0,25
Mlle Marie	1	1	0,5	0,5	1

Comment remplir cette grille ?

1. Le responsable établit la liste des domaines d'activité de son unité (colonnes).

2. Pour chaque personne présente dans l'unité, il évalue (avec l'intéressé) la capacité actuelle à remplir telle ou telle activité (1 = capacité à mener à bien l'activité de manière autonome).

À la lecture en lignes et en colonnes de ce tableau, le chef d'unité s'aperçoit que :

- certaines personnes sont très focalisées sur certaines tâches et d'autres beaucoup plus polyvalentes ;
- certaines activités sont très dépendantes d'un petit nombre de personnes.

Mesurer la polyvalence et les compétences nécessaires (suite)

Mais mesurer la situation actuelle ne suffit pas pour définir l'organisation souhaitable. Encore faut-il tenir compte de la capacité des individus à évoluer et de l'ampleur des changements à accomplir.

Pour approfondir son investigation, le chef d'unité décide donc de mesurer les compétences nécessaires pour certaines activités critiques et notamment la préparation des commissions d'attribution.

Matrice de compétences

Activités liées au traitement de dossiers de subventions	Connaissance de l'ensemble des systèmes et critères d'attribution	Capacité rédaction-nelle	Maîtrise du contenu technique	Capacité relationnelle (participation à la réunion)	Capacité à organiser son travail
M. Cassegrain	1	1	1	0,75	0,5
Mme Girard	0,75	0,25	0,25	0	1
Mme Sanzy	1	0	0	0	0,5
Mlle Marie	0,75	1	0,75	0,5	1

À l'issue de cette analyse, le responsable d'unité s'aperçoit que le « coût d'acquisition » de certaines compétences est trop élevé et qu'une polyvalence complète est impossible et aurait des risques évidents (entre autres choses, la démotivation de certains spécialistes comme M. Cassegrain).

Le responsable décide donc de créer deux zones de polyvalence au sein de son unité :

• la première portera sur l'enregistrement, le traitement administratif et le suivi budgétaire des dossiers, activités qui sont proches par leur caractère plus administratif, la rigueur qu'elles imposent et la nature des compétences en jeu.

• la seconde portera sur la préparation des commissions et l'évaluation des dossiers.

Le but est de développer à terme des profils réellement polyvalents comme celui de Mlle Marie ; mais dans une première étape, la mise en place de ces deux zones de polyvalence représente déjà un effort important de formation.

Développer la polyvalence, c'est aussi accepter une forme d'exercice de solidarité au sein d'une équipe, avec les exigences que cela signifie pour chacun, cadre en tête. En effet, pour espérer être secondé sur des tâches plus complexes par des collaborateurs qui ont le pouvoir de dire « non » et qui s'engageront probablement au-delà de leur niveau statutaire, il faut pouvoir « renvoyer l'ascenseur » sur les tâches plus simples. Qu'y a-t-il d'ailleurs de choquant à voir un cadre faire lui-même ses photocopies quand il s'agit de dix pages, ou à tenir le standard téléphonique un jour de difficulté exceptionnelle ? La logique du coût horaire est un argument qui ne tient pas car l'essentiel est de voir les choses dans leur ensemble et notamment les économies réalisées par une nouvelle organisation du travail. La crainte fréquente chez un cadre de perdre son statut en se commettant aux basses œuvres est dénuée de tout fondement car les agents y voient plutôt l'exercice d'une solidarité normale, si on leur demande plus par ailleurs. De fait, les meilleures équipes sont fondées sur cet esprit de partage très large des contraintes et sur une volonté farouche de le maintenir.

Ne vous arrêtez pas aux premières résistances. Un tel objectif n'est évidemment pas facile à atteindre. Au nom de quoi Mme Dutruc, secrétaire administrative disposant d'une ancienneté vénérable, irait-elle partager son travail ou reprendre des activités dont elle s'était débarrassée il y a deux ans ?

Bien que tout le monde ait le mot « responsabilisation » à la bouche, l'objectif n'est consensuel qu'en apparence. On ne voit vraiment pas pourquoi tout individu posséderait le gène de la prise de responsabilité. Il est donc probable que, dans toute unité, une partie des agents préférera la situation antérieure, connue et maîtrisée, à une évolution avec d'hypothétiques avantages pour chacun d'entre eux.

Une évolution de ce type demande donc de la part du responsable, un engagement fort, qui ne peut être mis en doute. Mais elle demande aussi une pédagogie de l'action, un travail sur le terrain avec les agents pour leur faire découvrir de nouveaux modes de fonctionnement. Bref, on ne peut pas espérer mettre une polyvalence en place en quelques jours, et c'est aussi l'engagement du chef dans la durée qui fera la différence.

La boîte à outils du manager public

Sept principes à garder en tête pour dépasser les résistances des agents à l'introduction de la polyvalence

1. Affirmez que l'objectif est permanent, incontournable, et que ce n'est pas vous qui l'exigez, mais le client : les files d'attente, les horaires d'ouverture, les délais de traitement des dossiers, la surcharge des experts, les contraintes d'effectifs sont vos plus sûres

justifications. Les modes organisationnels – auraient-ils fait leurs preuves ailleurs – ne sont jamais un argument valable pour les agents.

2. Montrez les avantages que chacun peut en retirer et laissez le débat s'engager sur ce thème, par exemple lors d'une réunion de service. En vous appuyant aussi sur leur propre expérience d'usager : qu'ont-ils observé dans leur agence bancaire ou dans leur bureau de poste ?

3. N'ayez pas l'air pressé, montrez votre détermination, mais aussi votre capacité à écouter. Témoignez qu'il y aura des étapes et faites émerger du groupe ces étapes en partant d'une quantification simple de l'existant (voir matrice de polyvalence plus haut).

4. Insistez sur les règles du jeu et la maîtrise de la polyvalence. Il ne s'agit pas de mettre quiconque en situation de dépendance ou de précarité vis-à-vis d'une hypothétique avalanche de travail. Cette nouvelle forme d'organisation doit au contraire trouver des règles du jeu comprises par tous, en particulier quant à la répartition des charges de travail, à l'affectation des dossiers, aux règles de remplacement en cas d'absence. Sans aller jusqu'à l'autogestion, ces règles peuvent être largement produites et contrôlées par l'équipe elle-même.

5. Insistez énormément sur la préparation et en particulier la formation. Faites de celle-ci, en la conduisant sur le tas, entre individus, un premier test du nouvel esprit de travail (respect des règles du jeu, d'un planning, souci d'ouverture…).

6. Dans un premier temps, n'obligez personne à suivre. Misez sur les gens qui ont envie de bouger. Il y en a toujours et ils seront vos meilleurs zélotes auprès des personnes plus réticentes.

7. Cadencez le travail avec des points d'évaluation réguliers : comment évolue la qualité de service rendue aux usagers ? Le stress pour les agents ? Les points de l'organisation du travail arrêtée ?

Parmi les moyens de mise en place d'une organisation du travail fondée sur la polyvalence, la formation interne joue un rôle particulièrement significatif. C'est là que la notion de « partage des compétences » prend tout son sens.

La tradition dans l'administration est de penser « formation externe » dès que se pose le problème d'une remise à niveau de certains collaborateurs. La formation interne est soit complètement négligée, soit laissée à l'appréciation des intéressés, ce qui revient au même (« à vous de vous débrouiller »). On sait pourtant qu'envoyer des collaborateurs en stage externe pour une formation à des activités qui relèvent du quotidien de l'unité est à la fois déplacé, coûteux et inutile. Le meilleur apprentissage est celui qui se fait sur le terrain, entre des collaborateurs qui ont un intérêt mutuel à se former.

Pour un responsable d'unité qui vise la polyvalence de son équipe, une seule solution : la mise au point d'un planning de formation interne, en se donnant les moyens de sa réalisation.

La boîte à outils du manager public
Définir un planning de formation interne

- Isolez des binômes parmi les personnes concernées, où l'une peut former l'autre, voire où les deux peuvent se former mutuellement.
- Définissez un planning de travail permettant aux binômes de mener une activité en double : deux heures, une demi-journée, dans des moments de moindre charge de travail.
- Faites en sorte que les personnes concernées puissent être au moins dégagées d'une partie de leur travail, en donnant temporairement vous-même l'exemple par votre travail, ou en vous montrant prêt à modifier certaines priorités de l'unité.
- Faites un suivi dans le cadre des réunions de service.

Utilisez mieux vos vrais spécialistes

La perte d'un monopole, fût-il harassant, est toujours un événement perturbant. Les véritables techniciens du service risquent bien, s'ils ne sont pas assez pris en compte dans la nouvelle organisation, d'être les adversaires les plus affichés d'une polyvalence qui devrait pourtant réduire leurs contraintes. Et ils n'auront pas tort à tout coup : si cette polyvalence est menée sans garde-fou, ils auront beau jeu de relever les erreurs commises par des moins experts qu'eux et les conséquences négatives de cette organisation, à la fois sur le niveau de service fourni par l'unité et sur l'accomplissement de ses missions. Leurs arguments ne se limiteront plus alors à la défense d'un monopole de la compétence.

De fait, la réussite d'une introduction de la polyvalence va de pair avec la transformation et la « technicisation » du rôle des experts (comprenant parmi eux le chef d'unité). Il ne s'agit plus pour eux de couvrir le plus grand nombre de dossiers, indifféremment de leur complexité, mais d'assurer véritablement le contrôle de la qualité du produit fini et de concentrer leur propre expertise sur les cas les plus difficiles. À ces spécialistes de former les agents moins compétents. À eux d'assurer l'information sur les nouveautés techniques ou législatives. À eux d'être le recours et l'assistance en cas de difficultés techniques sur une affaire. À eux de mettre en place, avec le chef d'unité, les tableaux de bord permettant le contrôle des résultats. À eux de consacrer, enfin, le temps nécessaire aux dossiers vraiment complexes, une fois dégagés de dossiers plus répétitifs désormais pris en charge par des moins spécialistes.

Ainsi, l'évolution de l'organisation du travail ne doit en aucun cas être un nivellement des compétences, limitées au niveau de base nécessaire au traitement des affaires courantes. C'est l'occasion de tirer tout le monde vers le haut, y compris et avant tout les hyper-spécialistes.

La boîte à outils du manager public
Cinq idées pour faire de vos experts des conseillers haut de gamme au service de l'unité

1. Accordez-leur un rôle plus systématique sur les dossiers « tordus », en vous en débarrassant à cette occasion. Il s'agit de leur faire de plus en plus réaliser une expertise haut de gamme, en abandonnant aux autres agents ce qui devient de l'expertise banalisée.

2. Faites-leur suivre des formations pointues préfigurant leur rôle d'expert de haut niveau. Si ces formations se situent à l'extérieur de l'unité (formation de longue durée, stage dans une entreprise…), battez-vous pour que cela soit possible.

3. Mettez-les au centre du processus technique de suivi et de contrôle des dossiers dans l'équipe, en commençant par leur faire préciser les critères qui doivent présider aux décisions et en organisant le suivi de l'application de ces critères, si possible à l'occasion des réunions de service.

4. Donnez-leur une visibilité externe, dépassant le cadre de l'unité, et faisant connaître leur compétence et en les faisant intervenir auprès d'autres services, de séminaires, de formation : essentiel pour les valoriser et accroître leur employabilité.

5. Poussez-les à jouer un rôle de formateur dans toutes ses composantes :
- accompagnement en « doublure » des collègues les moins aguerris sur leurs nouvelles responsabilités ;
- organisation de séances de formation permettant aux experts de démonter toute la mécanique d'un dossier, ou d'analyser les erreurs les plus couramment constatées ;

- réunions régulières de revue de projet (avancement du dossier, difficultés rencontrées, besoins exprimés…) avec la participation active des spécialistes. Ces réunions doivent être l'occasion de remettre à jour les critères, les normes et les bases de données techniques.

Mobilisez vos équipes, et en premier lieu les secrétaires, dans l'organisation du travail – « La logistique est une affaire d'équipe ! »

Trop souvent, quand on entend les responsables d'encadrement vitupérer sur la fonction logistique, le débat s'englue sur le matériel qui n'arrive pas, ou qui n'est pas à la hauteur : les micros non compatibles, l'embouteillage à l'unique photocopieuse de l'étage, le stock de gommes qui n'est pas encore arrivé du service administratif et qu'il faut remplacer en faisant un achat à la sauvette à la librairie du coin…

Ces responsables oublient trop souvent que, dans la vision de leurs collaborateurs, ils sont au cœur du dispositif logistique, en tant que « patrons » et pas toujours à leur avantage. Les mille et une petites questions de détail qui font l'efficacité d'une maison sont le plus souvent délaissées à des agents jugés peu impliqués, alors que les responsables s'attachent à des missions « plus importantes ».

Avant toute recherche de méthode, un changement de point de vue est nécessaire. Les fonctions logistiques sont stratégiques, pas seulement pour les services d'administration générale qui ont souvent « bon dos », mais aussi et d'abord au niveau de chaque responsable d'unité.

Comment avoir une haute opinion de son chef, accepter de faire plus que son dû, si on se rend compte que les aspects de vie quotidienne lui sont totalement indifférents ? Il faut donc arrêter de parler abstraitement des problèmes de moyens et accepter de se pencher sur les contraintes du quotidien, si décourageantes pour les agents et dont un responsable lucide reconnaîtra que les deux tiers sont de son ressort ; pas de sa responsabilité unique bien sûr, mais améliorables, au prix d'une meilleure organisation et d'une plus grande rigueur.

Tout patron de service qui veut être respecté doit consacrer une part significative de son temps à cette fonction logistique. Il pourra en déléguer la conduite, mais pas l'animation d'ensemble.

Une bonne logistique ne peut se construire que sur la responsabilité conjointe du chef d'unité et des secrétaires. La responsabilité du chef d'unité est évidente, on vient de l'évoquer. Celle des secrétaires est en revanche plus ambiguë, car il y a autant de cas de figure que de secrétaires. Si l'on regarde les choses largement, on peut cependant mesurer deux évolutions qui dépassent l'administration et qui ont bouleversé le rôle des secrétaires : l'impact des nouvelles technologies d'information et de communication d'une part, avec ce qu'elles ont permis dans la répartition du travail au sein des services, et la réduction du nombre de postes de secrétariat classique d'autre part. Cette réduction est particulièrement accentuée aujourd'hui dans l'administration. Mais au moment où les besoins logistiques vont croissant dans les services, il va falloir tirer les leçons de cette pénurie et commencer à mieux utiliser les secrétariats.

Deux évolutions sont possibles, qui ne sont d'ailleurs pas incompatibles.

La première est celle de l'assistanat, qui consiste à redéployer l'activité des secrétaires auprès des experts du service, pour leur apporter une aide matérielle continue dans la gestion de leurs dossiers (documentation, suivi du dossier notamment en matière administrative, relations téléphoniques, etc.). Cette première approche se rapproche largement de la constitution de binômes qui était évoquée précédemment dans ce chapitre.

La deuxième évolution possible pour les secrétaires est celle d'une responsabilité logistique mise à la disposition de l'ensemble du service. Il s'agit là de leur faire jouer un rôle de gestion, mais aussi d'orchestration. Étant en permanence présentes dans le service, elles sont en mesure d'assurer le maintien des fonctions de vie quotidienne, qui sont de multiples natures, gestion des moyens généraux, transmission d'informations, organisation des réunions… Cette nouvelle responsabilité pourra d'ailleurs impliquer une capacité d'autorité des secrétaires sur d'autres catégories de personnel (pour peu que cette autorité soit explicitement reconnue par le responsable de l'unité et définie au travers de règles du jeu reconnues par tous). L'exemple de la collecte hebdomadaire des agendas des cadres ou de la mise à jour des agendas électroniques, problème récurrent dans de nombreuses unités, permet d'illustrer le propos. Le chef de service n'est pas assez disponible pour s'assurer lui-même que les cadres mettent à jour l'information. Il ne peut pas pour autant se fier à la bonne volonté spontanée de ses collaborateurs. Doit-il d'ailleurs les en blâmer ? La meilleure solution consiste, à tout prendre, à établir une méthode de recueil par la secrétaire du service, qui fera les relances. Cet exemple peut sembler minimaliste : on en est encore loin dans nombre de services.

La boîte à outils du manager public
Quelques domaines de responsabilisation des secrétaires en matière de logistique

- intendance matérielle du service ;
- gestion des stocks internes ;
- responsabilité sur l'ensemble des commandes, même si la signature appartient au chef de bureau ;
- formation de l'équipe, toutes catégories confondues, aux fonctionnalités de la bureautique et de l'intranet (dessins, mais aussi gestion des congés…) ;
- maintenance du matériel informatique (avec les services centraux et les sociétés de sous-traitants) ;
- gestion des plannings de matériels utilisés en commun (dont les salles de réunion) ;
- aide à la régulation de l'équipe (il s'agit de l'application de toutes les règles du jeu facilitant le travail en commun et le passage d'information) :
- gestion des agendas hebdomadaires ;
- calendrier et préparation des réunions de service ;
- compte rendu et mémoire des réunions de service ;
- tenue des documents d'organisation et des dossiers d'intérêt général (revue de presse interne…) ;
- documentation du service.

Peut-on réellement espérer que les secrétaires participent à cette nouvelle définition de leur rôle ? Le cliché de la secrétaire atrabilaire, qui a *de facto* le pouvoir de renvoyer quiconque lui en demande trop, pourrait inciter à sourire face à tant d'angélisme. Et pourtant, elles sont demandeuses d'une évolution de leur rôle. Les raisons n'en sont pas mystérieuses : un grand nombre de secrétaires sont insatisfaites par leur travail et prêtes à exercer plus de responsabilités si cela leur permet de se séparer de la sujétion ou de la dépendance par rapport aux autres acteurs du service. Avec elles, l'échange évoqué dans le premier chapitre pourra réussir : moins de contraintes matérielles, en échange de la prise de responsabilités plus diverses et plus complexes. L'absence de perspectives réelles de carrière est certes un handicap, mais pas un obstacle insurmontable, car l'objectif principal pour chacun reste l'amélioration de sa vie quotidienne.

Il est pour cela indispensable de mettre les secrétaires dans le bon système d'action, les tenir informées de tous les développements dans la vie de l'unité, les associer aux réunions de service de manière systématique, pratiquer de manière régulière des réunions inter-secrétariats dans les plus grands bureaux.

Ils le font, c'est donc possible – La charte du secrétariat d'une administration centrale du ministère des Finances

La situation du secrétariat de cette administration centrale faisait partie des « vieilles lunes », problèmes récurrents jamais traités :

- impression des cadres de ne pas avoir de réponse adaptée à leur demande, faute notamment de souplesse dans les horaires des secrétaires et d'investissement dans des activités d'assistante au sens plein du terme ;
- démotivation des secrétaires face au manque de considération de la part de leurs chefs, de retour d'information, de traitement des problèmes du quotidien.

Le directeur prit en charge la question, avec le lancement de groupes de travail, permettant notamment l'échange entre ces deux populations éloignées par des abîmes de différence de statut et de carrière possibles. Ces groupes de travail permirent tout d'abord la compréhension des logiques respectives de chacun. Ils débouchèrent de plus sur des décisions très opérationnelles :

- la définition des missions et activités des secrétaires, permettant de se mettre d'accord sur le cœur du métier, en tenant compte notamment de toutes les transformations liées aux nouvelles technologies (exemple : rôle de la secrétaire dans la tenue de l'agenda électronique, ou dans la consultation de la messagerie) ;

- l'organisation de polyvalences de secrétariat et d'une gestion collective des horaires, permettant à la fois une extension des plages d'accueil et une souplesse dans la gestion du temps personnel pour les secrétaires ;
- l'évolution des techniques de reproduction, avec le recours à des scanners et la possibilité de mieux maîtriser le travail de photocopie ;
- la définition d'actions de formation et d'un cursus privilégié, portant à la fois sur le métier de secrétaire, sur la gestion de la mémoire de la direction et sur les nouvelles technologies ;
- la mise en place de réunions régulières de réseau pour le secrétariat.

Peut-on par ailleurs espérer que les autres personnels du service se laisseront faire ? En effet, nombreuses sont les questions de logistique qui touchent de près à des points délicats de gestion du personnel (les absences par exemple) ou d'organisation du travail (les plannings, la répartition des dossiers, les suivis…). La réponse est oui, si le chef d'unité joue son rôle qui est d'impulser et de rythmer ce « pas de deux » avec ses secrétariats :

- en définissant les règles du jeu de la logistique interne et en précisant leur application à l'occasion des réunions de service. En aucun cas, les secrétariats ne peuvent autodéterminer ces règles. Elles ne seront légitimes et donc observées que si le responsable d'équipe peut les restituer par rapport à des objectifs de l'unité. Aucune règle de logistique n'a de validité en soi ;
- en respectant lui-même ces règles du jeu. Peut-on espérer faire respecter un planning de vacances de l'unité si le responsable se considère au-dessus des contraintes ? Peut-on exiger de savoir où joindre ses équipiers si on est soi-même parti sans laisser d'adresse ? La tâche des secrétaires ne sera jouable que si le patron commence par s'imposer à lui-même cette discipline ;
- en faisant le point régulièrement avec les secrétariats sur les difficultés rencontrées. C'est en effet au responsable et non aux secrétaires, de tirer les conséquences de l'application ou de la non-application des règles communes, d'exercer son autorité en la matière si nécessaire, ou de faire évoluer ce qui ne fonctionne pas.

La boîte à outils du manager public
Les huit outils prioritaires en matière de logistique et
de régulation du service

1. l'agenda hebdomadaire de tous les agents du service (les rendez-vous professionnels doivent être entrés sur l'agenda électronique et consultables par les collègues) ;

2. le planning de toutes les réunions sur trois mois ;

3. le planning des vacances (même s'il peut être tenu par les secrétaires, c'est au patron de le gérer) ;

4. le résumé des principales procédures (sur la base de fiches d'une page, sous forme de diagrammes ou de textes pouvant être diffusés en interne sur des panneaux d'affichage dans les secrétariats, ou à l'extérieur du service) ;

5. le tableau des délais de réponse par type de dossier ;

6. le tableau des compétences, ou la matrice de polyvalence pour répartir les tâches de travail (Qui prend tel type de dossier ?) ;

7. le tableau de répartition des dossiers en cours ;

8. les coordonnées des principaux partenaires.

L'essentiel étant que ces outils soient simples, qu'ils soient vus ou facilement disponibles pour chacun et qu'ils soient régulièrement mis à jour. L'utilisation d'un tableau d'affichage dans un bureau, près de la cafetière du service est toujours utile. La mise à jour pour les réunions de service par le secrétariat l'est également.

3

SE RECENTRER SUR LES PRIORITÉS POLITIQUES : COMMENT FAIRE VIVRE L'ESPRIT DE LA LOLF AU QUOTIDIEN ?

Centrer l'action de l'administration sur ses objectifs prioritaires et la piloter efficacement : c'est le rêve du management public, face à l'impression que l'administration aurait trop tendance à agir de manière bureaucratique en reproduisant année après année des tâches pas toutes indispensables…

La LOLF (Loi organique relative aux lois de finances) est un progrès majeur dans cette direction. Comme les autres pays développés, la France s'est donné une architecture de gestion publique qui permet d'expliciter les résultats attendus par le politique, de les faire évaluer par les élus, et d'en piloter efficacement la mise en œuvre.

Bravo pour le principe, satisfecit nuancé pour la mise en œuvre. La précision de l'esprit des concepteurs a généré aussi quelques péchés de jeunesse, voire effets pervers. Ils sont recensés, reste à les traiter.

Mais fondamentalement, il s'agit maintenant de faire vivre l'esprit de la LOLF – et c'est le rôle de chaque responsable d'encadrement, pour l'État bien sûr, mais aussi pour les autres composantes de l'administration :

* *des politiques publiques : pour qui ? Pour quoi ? Comment ?*
* *se donner les moyens d'évaluer les résultats de l'action publique et définir les indicateurs ad hoc ;*
* *développer la transparence dans les modes de gestion ;*
* *instaurer les nouvelles pratiques de gestion et de performance sur les territoires.*

Au travail !

Les moyens se font rares : il faut faire mieux et autrement ?

Dans un contexte général de réduction des moyens de la puissance publique, cette proposition pourrait apparaître comme une provocation inutile. Et pourtant, la réduction des dépenses publiques est désormais une réalité inéluctable qui s'impose à la plupart des services publics, de l'État ou des collectivités locales. Qu'on le veuille ou non, qu'on l'assume ou non, chaque responsable se doit encore plus de s'interroger sur la meilleure façon de mobiliser les moyens dont il dispose. Faire mieux, ce n'est pas une obligation de résultat : le périmètre des politiques publiques évolue régulièrement entre abandon de missions, décentralisation, externalisation, etc. C'est par contre une obligation de moyen pour optimiser les ressources disponibles.

Mais une telle obligation se heurte souvent, dans le domaine public, aux impératifs et réalités politiques : si l'émergence d'une nouvelle nécessité se traduit souvent en décision politique, l'impact sur les politiques existantes est rarement traité. La pratique des études d'impact des nouvelles lois et des nouveaux règlements permet au moins d'évaluer l'impact supplémentaire d'un nouveau dispositif, elle traite rarement de l'opportunité, voire de la nécessité d'abandonner une autre politique ou d'utiliser des moyens existants différemment.

Après plusieurs décennies, les services sont alors confrontés à tous les niveaux à un empilement de politiques dont le caractère prioritaire, voire l'opportunité, pourrait mériter d'être réexaminés. Le cœur de la Révision générale des politiques publiques de l'État (RGPP) est d'engager une analyse complète de ce qui préexistait. À l'exception de l'abandon de l'ingénierie publique concurrentielle par les services des anciens ministères de l'Équipement et de l'Agriculture, si elle a conduit à des économies de moyens par l'optimisation des structures et systèmes qui s'étaient ajoutés les uns aux autres dans le temps, elle n'a encore pas abouti à l'abandon de nombreuses missions, ce qui prouve à l'expérience à quel point il est politiquement difficile de renoncer à certaines orientations de la puissance publique.

Dès lors que les arbitrages qui conduisent à l'abandon ou l'externalisation de missions sont rares, le tri entre les différentes priorités se fait implicitement par défaut aux niveaux les plus bas... face à l'impossibilité de faire face. Plus surprenant : finalement, rares sont les drames qui en découlent, ce qui signifierait que ce tri implicite ne fonctionne peut-être pas si mal – on verra plus loin pourquoi... Par contre, il n'est pas sûr que l'image des services y ait gagné avec le temps. Mais est-ce totalement leur faute ?

Un regard plus pessimiste pourrait conduire au contraire à conclure que les arbitrages sont parfois liés à des priorités très locales ou même, aux centres d'intérêts des agents qui mettent en œuvre les politiques ! Dans tous les cas, la garantie que les politiques publiques sont mises en œuvre dans l'esprit de ceux qui les conçoivent n'est pas évidente...

C'est certainement à cette question que le Parlement, dans une belle unanimité, malgré le faible enthousiasme initial des gouvernements, a voté la LOLF : comment progresser dans le pilotage et la mise en œuvre des politiques et sortir de la logique des « services votés » (voir encadré plus loin), qui entretenaient implicitement la logique de l'empilement sans retour des politiques ? Cette nouvelle édition intègre bien naturellement les dispositions et les nouveaux comportements, permis par la mise en place de la LOLF. Là où des services locaux étaient pieds et poings liés pour l'utilisation des moyens et des crédits fléchés strictement par les administrations centrales, chaque niveau peut théoriquement désormais gagner un peu de liberté, tout en veillant à la bonne mise en œuvre des priorités définies par le Parlement chaque année.

Cinq ans après le début du déploiement de la LOLF, il n'est pas encore possible de mesurer toute la portée de ce nouvel outil. Mais ce chapitre cherche à explorer toutes les possibilités d'optimiser l'utilisation des moyens de services publics, dans ce cadre nouveau.

La **LOLF**, qu'est-ce que c'est ?

Le vote annuel des projets de loi de finances, moment clé du calendrier parlementaire, a été modifié en août 2001 par une Loi organique relative aux lois de finances (LOLF), qui s'est substitué à l'ancien régime de l'ordonnance organique de 1959.

L'ordonnance n° 59-2 du 2 janvier 1959, portant loi organique relative aux lois de finances (appelée ordonnance organique) avait été adoptée, peu après l'instauration de la Ve République. Très favorable au pouvoir exécutif, elle n'avait pas été votée par le Parlement et avait été dispensée de l'examen devant le Conseil constitutionnel. Ensuite, le Parlement n'avait pas eu les moyens d'imposer une révision.

Dans la pratique, cette ordonnance présentait plusieurs avantages. Les lois de finances étaient adoptées en temps et en heure, le Parlement devait travailler en temps limité ; si le délai était dépassé, le gouvernement pouvait adopter le budget tout seul. Le budget était très stable d'une année sur l'autre, le principe étant de distinguer les services votés (correspondant à tout ce qui avait déjà été adopté dans une précédente loi de finances) et les mesures nouvelles, qui étaient les seules discutables.

Certaines limites suscitaient cependant les critiques. Le pouvoir du Parlement était réduit à la portion congrue. Les projets de lois de finances étaient pratiquement impossibles à modifier, notamment du fait de l'interdiction faite au Parlement de réduire les ressources de l'État et de toucher aux services votés. Les postes étaient très détaillés par type de dépense (plus de huit cents chapitres) mais sans connexion avec un objectif de politique publique. En dépit de ce grand détail de présentation, le pilotage des dépenses était assez souple pour le pouvoir exécutif, qui pouvait facilement déplacer les crédits par décret simple. La procédure était très centralisée, car le ministère chargé du budget avait la haute main sur ces décrets, et non chaque ministère. De ce fait, il y avait peu de souplesse pour les exécutants administratifs, qui cherchaient surtout à préserver leur budget d'une année sur l'autre.

La LOLF fut promulguée en août 2001 pour application définitive à compter de la loi de finances pour 2006. Elle a été guidée par la volonté d'introduire une culture de la performance et de la responsabilité dans la gestion publique, le souhait d'accroître les pouvoirs du Parlement durant la procédure budgétaire et les déficits budgétaires aggravés constatés durant les années 1990. Elle repose sur une logique de performance de la gestion publique et une transparence de l'information budgétaire propre à instituer un contrôle étroit par le Parlement. Elle substitue à une culture ancrée sur la gestion des moyens une logique de résultats.

Ainsi, les gestionnaires sont désormais tenus de rendre des comptes sur l'efficacité de l'utilisation des crédits qui leur ont été attribués. La loi organique instaure des Projets annuels de performance (PAP), qui présentent les actions des différentes administrations pour l'année à venir. L'évaluation des objectifs se fait l'année suivante, dans les Rapports annuels de performance (RAP).

Sur le terrain, la responsabilité budgétaire se traduit dans des Budgets opérationnels de programme (BOP).

La LOLF n'est pas qu'un nouvel outil : c'est aussi « penser autrement »

Pour se convaincre que la LOLF n'est pas une fin en soi – ce n'est pas la LOLF qui conduit à réduire les effectifs – mais un changement radical de méthode, on en rappellera juste quelques principes de base.

Premier concept nouveau : la Justification au premier euro (JPE). Dès lors qu'on ne se limite pas à « ajouter des politiques », mais qu'on s'oblige chaque année à reconsidérer l'ensemble, chaque politique, quelle qu'elle soit, doit être de nouveau justifiée. Certes, auparavant, les discussions budgétaires étaient fondées sur une multitude de fiches mises à jour d'une année sur l'autre. Mais le Parlement pouvait estimer à juste titre cette façon de procéder comme insuffisamment transparente. La JPE a imposé à chaque service de faire l'effort de lier le résultat aux moyens. On n'agit bien que sur ce qu'on mesure bien : le principal mérite de la JPE est de pousser chaque décideur à prendre conscience de ce que coûte l'atteinte d'un objectif – et même parfois à créer l'instrument de mesure pour le savoir… Nonobstant la tentation bureaucratique initiale, la création d'indicateurs et le développement d'outils de « mesure de la dépense » est une première étape bien utile pour optimiser tout système et faire des choix.

Deuxième conséquence : l'architecture budgétaire nouvelle par mission / programme / action. Là également, le faible recul sur l'expérience de la LOLF permet déjà de constater que cette logique de base induit des questionnements salutaires sur l'opportunité de telle ou telle politique et sur sa bonne place dans l'ensemble des politiques publiques. Les modifications profondes des organisations ministérielles en 2007 ont en outre mis le dispositif à l'épreuve : la maquette budgétaire en a été profondément affectée, dans une vision totalement renouvelée. Outre la réorganisation des missions, elle a conduit à la fusion de certains programmes, permettant ainsi des marges de manœuvre accrues. Plus de visibilité, plus de souplesse : autant de conditions importantes pour exploiter au mieux les possibilités d'optimisation du fonctionnement d'un service.

Cette nouvelle architecture budgétaire induit une nouvelle chaîne de responsabilité – responsable de programme, responsable de budget opérationnel de programme, responsable d'unité opérationnelle : c'est certainement ce qui suscite le plus d'inquiétude parmi les cadres de l'administration. Autre traduction : le fait de perdre la main en direct sur l'affectation des moyens peut donner l'impression d'un risque fort de non-atteinte des objectifs. Dans la réalité, on a peut-être une moindre garantie d'atteindre les objectifs à 100 %, mais globalement, on accroît les chances de mieux atteindre l'ensemble des objectifs.

La synthèse budgétaire sous forme de Plan annuel de performance et de Rapport annuel de performance apporte une visibilité renforcée au Parlement, ce qui était bien l'objectif. La LOLF permet également une programmation pluriannuelle des moyens, qui commence à être mise en œuvre.

Le fléchage directif des moyens a enfin peu à peu laissé la place à un dialogue global, dans le cadre des « dialogues de gestion », permettant justement de mieux hiérarchiser un ensemble d'objectifs, de façon moins implicite et plus assumée entre les partenaires du dialogue. Les fongibilités symétriques et asymétriques permettent théoriquement un transfert de moyens, auparavant impossible, afin de mieux atteindre les objectifs globaux. On verra plus loin que, si cette option est parfois pratiquée, elle est en réalité limitée par la faiblesse des marges de manœuvre des budgets en diminution.

Avec ces nouveaux outils, il devient théoriquement possible de faire mieux, malgré moins !

L'apprentissage des premières années : les erreurs de jeunesse

Le goût pour « les jardins à la française » a conduit dès le départ à une déclinaison de la LOLF qui en trahissait d'entrée l'esprit. Dès lors qu'on transformait ainsi le fonctionnement de l'État, d'un gigantesque orgue, avec ses tuyaux, vers un management par objectif, chacun des tuyaux, jusqu'au plus petit, eut la tentation d'exprimer précisément les objectifs auxquels il était attaché : au lieu de gagner en souplesse par un arbitrage possible entre plusieurs objectifs d'importance variable, l'État réaffirmait ainsi sa volonté de mettre en œuvre au même niveau tous les objectifs, même les plus dépassés et les moins légitimes. Las, passée la première année, la démonstration fut faite par l'absurde de la nécessité de trier un peu... et on doit reconnaître que cette première erreur de jeunesse a finalement eu l'intérêt de conduire chaque donneur d'ordre à faire un tri, rarement fait auparavant !

Autre erreur : la superposition des contrôles. Là aussi, face à l'inquiétude soudaine d'une perte de contrôle sur « son » objectif, chaque maillon de la chaîne eut la tentation d'encadrer la définition des objectifs dans un ensemble de règles et contrôles, jusqu'à suivre des indicateurs à fréquence mensuelle, avec clauses de dialogue et de suivi plusieurs fois dans l'année, etc. Il n'est encore pas rare, sur certains programmes, que le responsable de programme, voire l'un de ses collaborateurs, prenne position sur chacune des opérations envisagées pour l'année suivante, transformant l'exercice de « dialogue global » en quasi-exercice de programmation. Finalement, c'est le manque de temps disponible des deux parties au dialogue et le constat que le résultat en fin d'année n'est pas catastrophique qui, là aussi, conduit à lever les étapes de contrôle inutile. Néanmoins, la vigilance reste de mise : il ne faudrait pas que le défaut de temps conduise à s'affranchir des modalités de suivi indispensables, au risque de découvrir tardivement des dérives inacceptables.

Le principal vice originel de la mise en œuvre de la LOLF reste certainement le choix, la définition, le suivi et l'évolution des indicateurs. Élément essentiel du « faire mieux avec moins de moyens », l'indicateur reste encore, largement, l'un des sujets les plus difficiles à traiter dans les services publics. Et pourtant, ce choix est vital pour l'efficacité globale. On développera plus loin les difficultés inhérentes à la définition des indicateurs pour les services publics – de nombreuses heures y ont été probablement englouties à perte… –, d'autant plus que le volet « performance » de la LOLF reste encore unanimement le moins correctement traité dans la plupart des programmes. Comment traduire en un seul chiffre une performance que différents clients regardent avec des lorgnettes différentes (voir chapitre 4) ?

Des travaux réjouissants se sont livrés à une analyse critique d'un grand nombre d'indicateurs, peu de temps après le déploiement de la LOLF dans tous les services de l'État : un vrai jeu de massacre ! Bien peu des indicateurs sélectionnés pouvaient être considérés comme pertinents et peu contestables… À ce niveau d'inefficacité, l'incertitude sur le résultat final est préoccupante. Et encore ne parle-t-on ici que du choix et de la définition de l'indicateur. La collecte des informations nécessaires à son calcul, son suivi et les conséquences qu'on en tire pour son évolution réserve d'autres surprises et incohérences qui mettent à mal au moins autant l'ensemble de la démarche…

Voici quelques extraits choisis de « Les indicateurs de la LOLF : une occasion de débat démocratique ? »[1]. S'appuyant sur les principales têtes de chapitre de cet article, les principaux biais des indicateurs imaginés lors de la mise en place de la LOLF sont indiqués ci-dessous. Rappelons néanmoins que cet article a été écrit en 2006 :

- « Certains indicateurs ne traitent que de l'accessoire, faute de pouvoir accéder au principal. » : le résultat étant impossible à « traduire », choisir un indicateur facile à mesurer… mais très loin de garantir le résultat.

- « Des indicateurs distordus (et distordants…) » : traiter différemment les indicateurs de deux objets proches ; choisir, pour un objectif, un indicateur sur un seul moyen parmi de nombreux autres ; privilégier un indicateur de quantité, sans se préoccuper de sa

---

1. Jean-René Brunetière, « Les indicateurs de la LOLF : une occasion de débat démocratique ? », *Revue française d'administration publique*, n° 117, 2006/1.

qualité ; faire le choix d'un ratio sans contrainte fait courir le risque de l'atteindre indifféremment par action sur le numérateur ou sur le dénominateur… par tous les moyens.

- « Des indicateurs inopérants » : fixer la cible à un niveau de réussite certain.

- « Des indicateurs à côté de leur objet » : on croit mesurer un résultat, mais on ne mesure que ce à quoi la mesure donne accès…

- « Des indicateurs orientés vers l'administration elle-même » : on ne compte que ce qu'on fait ou ce qu'on paie – c'est dur de passer d'une culture de moyens à une culture de résultats…

- « *Output* ou *outcome* ? » : mesure-t-on un résultat de l'action de l'administration ? Ou quelque chose sur lequel on n'a aucune prise ?

- « Des indicateurs absents » : étonnamment, de nombreux enjeux majeurs ne font pas l'objet d'indicateurs – tabou politique ou budgétaire ? On relèvera pourtant que de nombreuses directives européennes non respectées ne font l'objet d'aucun indicateur, en dépit de l'impact budgétaire des sanctions financières qui pourraient être imposées à l'État français…

Pour finir ce florilège, on prendra l'exemple des indicateurs les plus courants dans de nombreuses administrations : les ratios de contrôles par agent compétent, censés représenter la pression de contrôle. On commence à identifier un indicateur de contrôle pertinent et facile à définir, on essaie de préciser la façon de décompter les contrôles réalisés. Ensuite, on compile les résultats de plusieurs services qui réalisent ce genre de contrôles. On en profite pour réaliser des inter-comparaisons. La pression devient forte pour que chacun s'aligne *a minima* sur la moyenne. Pour faire bonne mesure, le programme demande de réaliser chaque année un effort de productivité de 10 % ! Le tableau est alors idyllique : la pression de contrôle augmente régulièrement, et chacun ressemble de plus en plus à son voisin. À la fin, c'est très beau…

On comprend pourquoi quelques années ont été nécessaires pour prendre conscience de ces effets pervers. En se focalisant sur le chiffre, on perd de vue une règle importante de métrologie : le calibrage de l'instrument de mesure. Ensuite, quand plusieurs instruments de mesure sont répartis à des endroits différents, rien ne garantit qu'ils mesurent la même chose, sans un minimum d'intercomparaison. Enfin, fixer comme objectif le même résultat partout est certainement très satisfaisant pour tendre vers l'Égalité figurant dans la Constitution, mais est-ce vraiment une garantie d'efficience ? En outre, et c'est proba-blement un reproche qu'on peut faire à la LOLF, malgré les grands progrès qu'elle a permis de faire dans la mise en œuvre des politiques publiques : elle parle d'efficience et d'efficacité, mais pas beaucoup de qualité…

Il ne faut pas jeter le bébé avec l'eau du bain : compte tenu des progrès que permet la LOLF dans l'optimisation de l'utilisation des moyens, il serait injuste et dangereux de lui faire grief de ces erreurs de jeunesse. Il n'y a d'erreurs qu'humaines…

Revenir à la question initiale – Des politiques publiques : pour quoi ? pour qui ? comment ?

Les auditeurs de la Revue générale des politiques publiques (RGPP) décortiquent pendant plusieurs mois toutes les politiques publiques. Dans un dialogue approfondi, chaque ministère doit questionner le sens de son action dans le cadre politique qui lui est fixé. Naturelle-ment, le poids de la contrainte budgétaire se fait plus ou moins sentir, mais on peut imaginer que, plus celle-ci est importante, plus l'exercice est difficile, tant en termes de management que socialement.

Naturellement, l'arbitrage des grands principes et décisions ne peut être que politique. Mais chaque responsable public est, lui aussi, impliqué à son niveau dans des choix contraints. Théoriquement, tout début de dialogue de gestion devrait pouvoir être initié selon l'algorithme qui suit : avant de discuter des moyens et de leur répartition entre les diffé-rentes actions, pourquoi ne pas passer un peu de temps sur les fins ? La plupart des dialogues de gestion font l'hypothèse implicite que les sujets abordés ont passé ces premiers filtres. Une fois de temps en temps, il pourrait valoir la peine de le revérifier, au moins sur les politi-ques les plus anciennes.

Le schéma de réflexion de la Revue générale des politiques publiques

Le schéma théorique de la RGPP suit une analyse systématique des politiques publiques, en commençant par une mise à plat des activités de service public elles-mêmes.

Ce schéma d'analyse a été suivi par d'autres pays développés – même si la prise de décision a souvent été différente, avec une autre implication des ministres et des parlementaires, dans des cultures très différentes de la culture française.

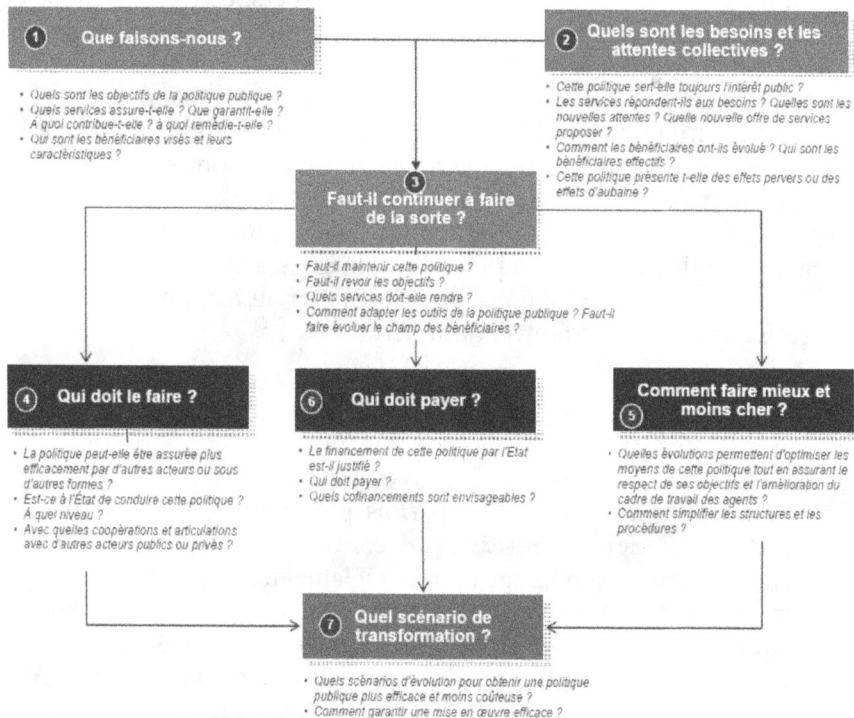

Commencez par expliciter la stratégie

L'apprentissage du dialogue global et stratégique ne va pas de soi dans l'organisation administrative pour plusieurs raisons.

Caricaturalement, il s'agit de passer d'une logique de « vérification d'une grille d'objectifs et d'indicateurs », souvent confiée à des bureaux chargés auparavant de gestion budgétaire, à une approche globale et pondérée, qui nécessite l'investissement du responsable de programme ou du responsable de BOP. D'ailleurs, un signe ne trompe pas : on peut anticiper le sérieux et l'intérêt d'un dialogue de gestion au niveau et au recul des responsables qui y sont présents.

Si ce sont les responsables de programme et de BOP en personne, ce sont les seuls qui sont capables de mettre en perspective l'ensemble des actions et sous-actions, leurs objectifs et indicateurs et les modalités de répartition des moyens leur correspondant. Si le chef d'une unité de base (un bureau, une unité) représente le responsable de programme, il y a fort à parier que les chiffres et les enveloppes de moyens occuperont l'essentiel des échanges, en particulier lorsqu'ils sont en baisse... On essaie de répartir la pénurie en limitant les dégâts, alors que, dans certains cas, il vaudrait peut-être mieux abandonner un volet peu stratégique. Seul l'échelon supérieur est en mesure d'exercer toute la fongibilité permise par la LOLF, et donc d'exploiter au maximum la capacité d'optimisation que ce nouvel outil permet.

Finalement, ce qu'on fait est-il bien utile ?

Voilà l'une des questions les plus iconoclastes : alors que des parlementaires ont voté des lois (il y a parfois plusieurs décennies), que des services ministériels et des services déconcentrés ont été créés pour s'en occuper et pour élaborer un corpus réglementaire pour les mettre en œuvre, a-t-on bien le droit de se poser la question, au niveau de l'opérateur qui la met en œuvre ? Et surtout, si on estime que c'est le cas, à quel niveau la décision doit-elle être prise ? Avec quel formalisme ?

Prenons un peu de recul : chaque jour, des responsables de services publics prennent en fait ce genre de décisions... par la force des choses et selon une logique relativement rationnelle. En effet, quel est le risque qu'un « administré » manifeste son mécontentement du fait que telle ou telle politique n'est plus appliquée ? Et surtout, à quel niveau est-il susceptible de le faire ? En fait, le principal ressort de rappel *a posteriori* à la sédimentation des politiques se situe là : si une action n'est plus attendue ou observée par quiconque ayant un peu de poids, à quoi bon se fatiguer à y consacrer des moyens ?

Au lecteur qui s'indignerait de ce raisonnement, on rétorquera que, naturellement, il faut que tout cela soit clairement assumé dans les dialogues de gestion… Mais on pourra aussi le rassurer de ce que cette méthode est probablement celle qui a le plus fait ses preuves par le passé pour dégager des marges de manœuvre. Ce qui est nouveau avec la LOLF, c'est que le dialogue de gestion fournit un lieu pour s'assurer explicitement qu'un tel abandon est cohérent avec les orientations politiques et correspond à un choix optimal des priorités.

Se donner les moyens d'évaluer les résultats de l'action publique et définir les indicateurs *ad hoc*

Pas d'alternative : il faut commencer par travailler sérieusement sur la fiabilité de la mesure

La formalisation d'une méthode de comptage est un minimum. Mais au-delà, la prise en compte de la diversité des situations peut justifier de raffinements « discrets » : rien ne sert de rechercher une précision diabolique, ce n'est qu'un indicateur, ce n'est qu'un outil de mesure au service de l'analyse de la stratégie et de la performance, certainement pas une toise infaillible.

Par ailleurs, selon l'articulation entre les services centraux et les services territoriaux, l'indicateur peut avoir une traduction pratique très variable d'un territoire à un autre, très différente de l'idée que s'en fait son concepteur, malgré toutes les tentatives pour le définir finement et l'enfermer dans un cadre théorique. On soupçonne rarement à quel point des territoires qui connaissent peu de mobilité entrante peuvent avoir des pratiques et des interprétations très différentes des territoires qui connaissent à l'inverse une population jeune de « nouveaux entrants », *a fortiori* si les mutations sont rares entre services centraux et services territoriaux ou si les services centraux ne prennent pas la peine de comparer régulièrement les pratiques des uns et des autres. Un tel investissement, potentiellement lourd, n'est utile que si la précision et la fiabilité de l'indicateur sont essentielles à l'action publique. À l'inverse, s'il n'est pas fait, il est illusoire de réaliser des exercices de *benchmark* pertinents.

Le jeu des indicateurs en vaut-il la chandelle ?

Lorsque le respect d'une directive européenne est en jeu ou lorsqu'une responsabilité pénale ou civile peut être lourdement engagée, il peut valoir la peine de vérifier précisément la valeur d'un indicateur. Ce n'est pas seulement le regard du responsable de programme qui compte, sous le contrôle du Parlement, mais aussi celui d'autres autorités, dont le pouvoir de sanction peut s'ajouter et présenter des répercussions plus immédiates et concrètes.

Dans tous les cas, la sélection en amont des bons indicateurs est indissociable des priorités stratégiques et de l'analyse stratégique conduite en dialogue de gestion. Partant d'un cadre *a priori* rigide défini dans le plan annuel de performance, ce travail est réellement important pour focaliser l'action et les moyens sur des indicateurs pertinents, qu'on aura alors pris la peine de définir de façon d'autant plus appropriée que l'enjeu qu'ils représentent, que ce soit sur un plan quantitatif ou qualitatif mérite d'investir encore plus dans leur suivi et leur mise en œuvre.

La difficulté du travail par objectifs dans le secteur public

Traditionnellement, on distingue le management par les objectifs ou par les résultats d'une part, et le management par les tâches d'autre part. Selon les situations, selon les compétences des acteurs, l'un ou l'autre peut être pertinent.

C'est l'expérience renouvelée du client d'un taxi : si vous tombez sur un chauffeur compétent, *a fortiori* si vous ne connaissez pas la ville, vous aurez tout intérêt à travailler par objectifs : « J'aimerais aller à la Madeleine par l'itinéraire le plus rapide. ». Mais si vous tombez sur un débutant, il sera souvent intéressant de faire un management par les tâches : « Pour aller à la Madeleine, vous prendrez la troisième à droite, puis l'avenue de l'Opéra… »

Bien sûr, avec la montée du niveau de formation des agents publics, la complexité des questions auxquelles les fonctionnaires sont confrontés et les impératifs d'économie de la dépense publique, le management par les objectifs est de plus en plus souvent une approche pertinente. Mais travailler par objectifs est en fait redoutablement complexe dans le secteur public !

Pour l'illustrer, on peut prendre le SMART, raccourci mnémotechnique rappelé par les spécialistes du management. Pour bien travailler par objectifs, il faut que ceux-ci soient :

- Spécifiques – c'est-à-dire suffisamment précis pour bien les qualifier, et éviter les ambiguïtés dans leur évaluation ;
- Mesurables – avec les indicateurs correspondants et leur niveau ;
- Atteignables – avec…
- … un Responsable (et avec des ressources) ;
- Temporellement définis.

Oui, mais… est-ce toujours possible dans le secteur public ?

Ce que devrait être l'objectif…	Est-ce possible dans le secteur public ?
Spécifique	La tentation est de rester à un haut niveau de généralité qui garantit consensus… au prix de l'ambiguïté. On préférera donner comme objectif « réussir le service public de l'éducation nationale » que, par exemple, « assurer une insertion professionnelle de 80 % des élèves en situation d'échec scolaire en 3e », difficile à assumer car il exprime un choix politique clair.
Mesurable	Les prestations de service public sont complexes. Les mesurer demande souvent un vrai travail sur les indicateurs (voir les difficultés rappelées plus haut).
Atteignable	Faute de discussion entre ceux qui définissent les objectifs et ceux qui les mettent en œuvre, on oublie souvent ce « point de détail ».
avec un Responsable	Ça ne va pas de soi. Qui est le responsable des objectifs ? Avec quelles marges de manœuvre ?
défini dans le Temps	La tentation est forte de se polariser sur le calendrier annuel, quitte à ce que ce soit du ressort de la pensée magique…

Ces éléments de contexte conduisent dans les faits à des dérives dans les pratiques managériales, quand le travail par objectifs est mal conduit : responsables d'encadrement qui se contentent de jouer la boîte aux lettres, en répercutant à leurs collaborateurs des objectifs mal définis, inatteignables, non contextualisés et en mettant la pression sur leur réalisation, sans ménagement, ce qui comporte des effets pervers multiples – le premier d'entre eux étant la souffrance de collaborateurs soumis à ce qu'ils vivent comme un véritable harcèlement !

Associez les agents et les clients à la définition des objectifs de leur ressort

Un autre moyen d'ajouter de la valeur à l'indicateur est de consolider l'expérience des collaborateurs à leur élaboration, puis à leur suivi. Une telle démarche ajoute déjà de la qualité à la performance : on a vu plus haut que la LOLF ne le permettait pas spontanément. Typiquement, afficher un délai moyen comme indicateur d'une procédure complexe passe sous silence l'extrême diversité des attentes des clients, ainsi que la spécificité des organisations et des expériences présentes sur les territoires. Si c'est un indicateur de tendance intéressant dans la durée, on peut légitimement s'interroger sur les exercices de *benchmark* qui présupposent, sans même que la question soit soulevée, qu'on compte la même chose.

Comment réussir une réunion de définition d'objectifs avec les collaborateurs ?

1. Menez votre réflexion préparatoire en vous replongeant dans les entretiens récents menés avec vos partenaires, collègues et collaborateurs : donnez-vous un ou deux grands objectifs, des fils rouges qui sont pour vous non négociables, sans descendre encore dans le détail.

2. En réunion, faites d'abord réfléchir de manière ouverte votre équipe sur l'environnement du service, en partant des éléments qui ont déterminé votre propre réflexion. Faites le lien avec vos propres conclusions.

3. Présentez votre (ou vos) objectif(s), expliquez le « pourquoi ». Faites-vous critiquer, mais défendez vos idées.

4. Après reformulation de l'objectif, travaillez sur les modalités de mise en œuvre (priorités, moyens…). Plusieurs réunions peuvent être nécessaires car, en précisant les moyens, la définition de l'objectif lui-même va évoluer. Et c'est à ce moment précis que vous devrez montrer que vous êtes à l'écoute.

5. Après avoir laissé les choses reposer et se recaler quelques jours, organisez une nouvelle réunion pour définir le plan d'action et le « qui fait quoi ».

Quant à la notion de « client », on verra plus loin toute sa complexité dans les politiques publiques. Néanmoins, quand certains indicateurs sont principalement orientés vers un seul type de clients, quoi de plus naturel, dans ces conditions, que de prendre spécifiquement en compte leurs attentes ? Naturellement, une telle prise en compte ne peut être consentie que si elle reste cohérente avec les moyens disponibles, mais curieusement, dans certains cas, le client est moins exigeant que l'indicateur proposé par le responsable de programme au Parlement.

Les objectifs : un mode de management créateur de cohésion ! – L'exemple de la fusion de deux organismes publics

Ces deux organismes publics savaient depuis longtemps que leurs missions proches pouvaient conduire à une fusion… et que le *statu quo*, confortable socialement, était intenable, à la fois pour des raisons d'économie et d'efficacité de leur action.

La fusion est décidée dans la dynamique du mouvement de réforme de l'État lancé avec la RGPP. Dans la foulée, un nouvel organigramme est dessiné, les responsables d'unité nommés.

Fusion faite ? Dans les faits, non ! Dans chaque unité continuent de se regarder en chiens de faïence les anciens de chaque ex-organisme… qui continuent de défendre leur vision du monde, de leurs missions, de leur mode de faire, au grand dam d'une action cohérente vis-à-vis des bénéficiaires !

Travailler sur les objectifs et les indicateurs a été une des méthodes suivies pour concrétiser cette fusion. Avec une mécanique simple :

- l'équipe de direction définit cinq objectifs sources, essentiels pour l'organisme dans son environnement, permettant de respecter les missions fixées par le gouvernement ;
- à l'étage inférieur, chaque directeur rassemble son équipe pour une journée de séminaire. On analyse les cinq objectifs sources ; on regarde en quoi ils nous concernent ; on propose des objectifs contributifs en les construisant dans les règles de l'art (des objectifs SMART – voir plus haut) ;

- on fait le même exercice au niveau hiérarchique inférieur ;
- on consolide, avant de faire présenter par chaque unité ses objectifs aux collègues au cours d'une réunion de l'encadrement, pour diffuser tous les objectifs aux services et assurer une bonne connaissance croisée.

Résultats des courses ? Chacun a pu contribuer aux objectifs de son unité, en dépassant son appartenance historique à une des anciennes composantes. Objectifs définis au bon niveau, ce qui est une condition pour leur appropriation et leur mise en œuvre…

Après le « dialogue », développer la transparence dans les modes de gestion

Passer d'un mode de gestion direct et centralisé à un mode de gestion global par objectifs ne va pas de soi : la confiance ne s'impose pas spontanément, alors que la bonne exécution d'un budget reposait avant tout sur la maîtrise totale par l'administration centrale des objets sur lesquels il était engagé. Pas de confiance sans transparence : de l'utilisation des moyens à la traçabilité des résultats, des motifs de retard ou d'engagements trop importants, rien ne doit échapper aux partenaires d'un dialogue de gestion. C'est bien dans la durée, au quotidien et de façon mesurable, que la transparence doit contribuer à optimiser la réalisation des objectifs en exploitant toutes les marges de manœuvre qu'offre la LOLF.

Un pilotage fondé sur l'ensemble des objectifs

Une fois la boîte à outils complète, le plus difficile reste à faire : passer d'une logique de pilotage vertical, bureau par bureau, sous-action par sous-action, à une logique de pilotage global, qui change radicalement le mode de relations entre les échelons national, régional et départemental. Si ce pilotage se met en place petit à petit entre les échelons national et régional, mais selon des cinétiques variables selon les responsables de programmes, la transposition aux échelons régional et départemental est difficile et délicate, *a fortiori* dans le contexte de mise en place des nouvelles organisations territoriales, issues de la Révision générale des politiques publiques.

En effet, si l'échelon régional est clairement identifié comme l'échelon de pilotage des politiques d'un ministère, ce qui permet un dialogue de gestion national / régional selon des périmètres identiques, le choix délibéré d'organisations régionales et départementales organisées selon des logiques complémentaires nécessite la mise en place d'une nouvelle articulation entre services régionaux et départementaux, qui ne peut être fondée que sur un pilotage en s'appuyant sur la LOLF.

De la gestion technique des affaires au respect des objectifs : le dilemme des chefs de bureau

Dans un management réactif, il est légitime et même indispensable que la mise en œuvre des politiques se fasse par un dialogue direct entre chaque bureau et ses interlocuteurs régionaux. Déjà – et la mise en œuvre de la LOLF depuis 2005 y a progressivement conduit – les contacts directs avec les services départementaux deviennent de plus en plus rares : la plupart des BOP déconcentrés sont régionaux, et petit à petit, chaque ministère a convergé vers cette logique. La logique de la RGPP conduit à une généralisation inéluctable de ce principe.

Le plus souvent, ces relations directes se font de façon fluide et consensuelle. Il n'y aurait donc aucune raison de remettre en cause ce schéma de fonctionnement. Par contre, tant le calendrier et les outils de la gestion des BOP que l'examen des situations difficiles nécessitent de revoir le fonctionnement des bureaux et des sous-directions, sous le chapeau du responsable de programme.

À titre d'exemple, il est courant de voir s'instaurer des « rendez-vous de gestion » spécifiques à certaines structures. Si ces rendez-vous gardent parfaitement leur pertinence pour faire le point sur l'avancement d'une action, a fortiori dans les domaines où la programmation de crédits est un acte clé, aucune décision engageante ne saurait être prise dans un tel cadre pour plusieurs raisons : ces rendez-vous mobilisent rarement un niveau décisionnel des deux côtés – est-on sûr qu'évoquée à l'échelon supérieur, la même décision fera l'objet d'un choix identique ? Dans cet esprit, dès lors que la fongibilité peut s'exercer à l'échelon d'un programme global, rien ne garantit que des discussions à ce niveau permettent de dégager un optimum face aux multiples obligations des responsables de programmes et de BOP.

Pour ceux qui auraient le sentiment qu'il s'agit d'un cas d'école théorique, on pourrait donner l'exemple (non isolé) de ces deux sous-directions qui ont de la peine à travailler ensemble, sur des politiques proches regroupées au sein d'un même programme, disposant de leviers identiques, faisant appel à des moyens communs... et qui organisent « leur dialogue de gestion » à des dates différentes, avec des interlocuteurs différents des deux côtés !

La LOLF induit également une nouvelle discipline : finalement, quand les moyens étaient attribués en début d'année, point n'était besoin d'en connaître parfaitement l'inventaire – et notamment celui de la situation initiale : il fallait juste s'assurer que les moyens nouveaux atteignent bien les objectifs nouveaux qui leur étaient assignés. La LOLF nécessite de fait un meilleur suivi des moyens, tout particulièrement des unités d'œuvre et de ce à quoi elles sont consacrées. Des dispositifs de mesure du temps passé, sur le modèle des comptabilités analytiques déployées dans le secteur privé, sont peu à peu en cours de développement.

Leur développement fait face aux mêmes redoutables difficultés que celles déjà évoquées concernant la pertinence de la mesure : si l'indicateur qu'on souhaite mesurer finement est mal défini ou mal conçu, on risque de compter le « temps passé » sur de mauvais objets. Force est de constater que les premiers outils développés ont donc connu les mêmes erreurs de jeunesse que certains indicateurs….

Ce n'est que progressivement que ces outils permettent de dimensionner pleinement et correctement les moyens pour les différentes politiques. C'est encore un domaine dans lequel les marges de progrès restent encore importantes.

À la recherche des marges de manœuvre...

Il faut se rendre à une évidence : le temps n'est plus aux largesses et marges de manœuvre tous azimuts. Néanmoins, le monde public sous-estime souvent celles qui lui restent. L'enfermement dans un corpus de règles et de pratiques patiemment accumulées au fil du temps conduit à oublier l'esprit de ces règles et de ces pratiques pour se focaliser sur leur lettre.

Faire un peu de « surbooking »… fait partie de l'existence. On a trop souvent tendance à considérer l'annualité budgétaire comme un carcan indépassable. À l'ère « préhistorique » (c'est-à-dire avant la LOLF), la question ne se posait pas vraiment : les ordres venaient d'en haut, la mise en œuvre était impérative, et l'obsession des exercices de fin de gestion était de justifier à tout prix qu'on avait bien engagé l'action correspondante, au risque de ne pas pouvoir justifier la reconduction de l'opération l'année suivante… même quand, de bonne foi, on aurait pu s'en passer, car elle était finalement secondaire. Le « surbooking » a mauvaise presse, en règle générale, car on l'assimile souvent à de la « cavalerie budgétaire » : finalement, on s'engage l'année n pour une dépense qu'on n'est pas sûr de pouvoir engager la même année. La LOLF permet de façon finalement plus saine et moins *a priori* contestable de se livrer à un peu de « surbooking », à condition, bien sûr, d'anticiper les évolutions des politiques et des moyens. Si on est sur une politique durablement porteuse, il permettra de faire face à l'aléa sur une opération en lui substituant une autre opération prête. À l'inverse, tout « surbooking » sur des politiques et des moyens en baisse est naturellement parfaitement condamnable. Laissons au moins au manager l'intelligence et la liberté de pouvoir le faire.

L'autre moyen de « surbooker » est de gérer les délais. Il y a un non-dit constant dans les pratiques administratives : comme on ne dispose pas de toutes les marges de manœuvre qui existent dans le secteur privé (et notamment la rapidité de décision, la capacité d'investir avec un retour sur investissement, l'arrêt rapide de certaines actions, etc.), la seule qui reste par défaut, ce sont les délais !

La traduction la plus invariable de cette constante, ce sont les durées des contrats de projets (ex-contrats de plans). Il est de notoriété publique que ces contrats sont élaborés sur des périodes fixes de six ou sept ans. L'expérience constante de tous les contrats de plans est que leur réalisation s'étend généralement sur au moins une ou deux années supplémentaires. Le plus inattendu : le jeu politique fréquent, dans des configurations politiques contraires, est que l'État et les collectivités territoriales ne cessent de se renvoyer la responsabilité de ce délai supplémentaire ou du faible taux de réalisation de ce contrat… alors que les deux ne font qu'utiliser la marge de manœuvre des délais. Pour les programmes communautaires, la Commission européenne a inventé le douloureux supplice du « dégagement d'office » : s'il permet de simplifier certains arbitrages, on pourrait soupçonner qu'il ait le même effet pervers pré-LOLF de précipiter la réalisation de programmes peut-être moins prioritaires….

C'est aussi cette variable d'ajustement qui est constamment utilisée de façon implicite dans l'instruction de certaines procédures. Utilisée à bon escient, néanmoins, cette marge de manœuvre est sans aucun doute la plus négociable avec ses clients. C'est donc en acceptant de la gérer de façon explicite qu'on peut progresser dans la mise en œuvre des différentes politiques.

D'autres marges de manœuvre existent sur la gestion des moyens humains, mais il faut reconnaître qu'elles sont encore plus limitées : celle qui vient le plus spontanément à l'esprit est l'optimisation du pyramidage des équipes. La gestion séquentielle et cumulative des politiques a en effet le plus souvent pour conséquence de recruter des profils adaptés aux missions nouvelles. Un réexamen global des missions peut alors conduire à constater que le pyramidage et les qualifications des agents dont on dispose ne correspond plus exactement à ses propres besoins.

C'est dans un tel cadre que des développements nouveaux de GPEEC (Gestion prévisionnelle des effectifs, des emplois et des compétences) peuvent prendre tout leur sens dans les services publics. La formation continue, la requalification, les parcours professionnels diversifiés, etc., sont autant de moyens de retrouver de la marge de manœuvre quand les politiques – les priorités et les arbitrages – évoluent à grande vitesse. C'est même un élément de diversification des parcours professionnels qui peut redonner de la motivation à des agents un peu démobilisés par l'abandon des politiques pour lesquels ils ont été initialement recrutés. Plus complexes, les repyramidages sont un autre moyen d'optimiser les profils en réponse à l'évolution des besoins. Ils sont complexes à mettre en œuvre en termes de gestion de viviers, mais peuvent dans de nombreux cas redonner de l'oxygène à un service, contraint par un cadre d'emplois rigide.

Certes, tous ces outils doivent être utilisés avec modération et discernement : la pâte humaine n'est pas malléable à l'envi, et des mutations trop rapides font au contraire courir le risque d'une perte de métier et de culture qui amoindrirait une grande partie du bénéfice de ces adaptations. Mais l'aspiration au progrès de chacun est souvent un moteur assez fort pour réaliser de tels gains en douceur.

L'exercice responsable et partagé de la fongibilité tout au long de l'année

Sans attendre l'échéance de l'exercice budgétaire, la LOLF permet aussi, au fil de l'eau et en tenant compte de tout ce qui vient d'être évoqué (l'évolution des attentes des clients, le ralentissement ou l'accélération de tel projet, etc.), de redistribuer des moyens de façon réactive, parfois concernant des objectifs très différents. La logique d'exercice de la fongibilité devient alors possible et logique : si le besoin apparaît d'un arbitrage entre deux projets répondant à des objectifs très différents, il suffit que, de part et d'autre, les responsables capables d'avoir une vision d'ensemble sur les deux types d'objectifs analysent ensemble la situation et basculent les moyens d'un projet sur un autre. Ces pratiques, inimaginables avant la LOLF, ont été petit à petit expérimentées, avec timidité d'abord, puis de façon plus systématique. Naturellement, elles ne sont tolérables, des deux côtés, que sous réserve d'une parfaite transparence, d'une part sur l'utilisation des moyens, d'autre part sur les motivations de leur redistribution sur d'autres objets.

En théorie aussi, la LOLF permet une fongibilité dite « asymétrique » permettant de redéployer les économies réalisées sur la masse salariale d'un programme au profit des autres moyens de fonctionnement ou d'intervention du même programme. À l'expérience, cette faculté est toute théorique. Comme pour la fongibilité symétrique, tant la faiblesse des marges de manœuvres que les conditions de sa mise en œuvre en limitent le plus souvent l'intérêt – de nombreux obstacles de gestion budgétaire et comptable en ralentissent l'exercice réel.

Instaurer de nouvelles pratiques de gestion et de performance dans les territoires

Le pilotage régional / départemental : comment faire les arbitrages politiques ?

À l'échelon territorial, la répartition des moyens consiste implicitement à « choisir » certains acteurs ou certains territoires au détriment des autres. De façon positive, elle consiste en particulier à identifier, pour chaque domaine, les territoires à enjeux, c'est-à-dire les territoires sur lesquels les politiques définies au niveau national par le Parlement et le gouvernement, dans le cadre du projet de loi de finances, doivent être mises en œuvre prioritairement. Si la théorie veut que toutes les politiques soient mises en œuvre de façon égalitaire partout, les moyens disponibles conduisent *de facto* à faire des choix délibérément discriminants.

Le recentrage des politiques du logement sur les zones tendues

Jusqu'en 2009, l'ensemble des régions françaises se voyaient confier des objectifs en termes de développement de l'offre de logements sociaux. Reposant historiquement sur une kyrielle d'opérateurs, la tendance annuelle consistait à envisager l'avenir dans la continuité du passé. Face aux besoins critiques de certaines régions en matière de logement, le gouvernement prend la décision de recentrer les subventions de l'État sur les territoires les plus tendus – sans pour autant supprimer totalement les financements sur les zones non tendues.

En parallèle, la question est régulièrement soulevée de l'opportunité de maintenir un certain nombre d'aides fiscales territorialement indifférenciées. Il devrait en découler assez naturellement le redimensionnement et une nouvelle répartition des moyens de l'État dédiés à cette politique... sans que le principe d'égalité soit particulièrement mis à mal, dès lors qu'il s'agit justement de soutenir les territoires où les situations sont les plus tendues et où les mal logés sont en nombre plus importants. Pour l'instant, néanmoins, c'est une pratique peu développée en matière de fiscalité (sauf au bénéfice des départements d'outre-mer).

De même, les dispositifs de soutien à l'habitat privé connaissent une évolution de même nature et sont focalisés sur les publics qui en ont le plus besoin, en particulier les propriétaires qui ne parviennent plus à assumer les charges et à réaliser les investissements pour réhabiliter leur patrimoine.

Une telle répartition est politique, par nature. Elle se déroule à la croisée entre les orientations nationales, telles qu'elles sont définies dans chaque programme, et l'expression des attentes politiques locales, par nature extrêmement variables. Le pilotage de l'échelon départemental par l'échelon régional doit donc reposer sur un dialogue et un équilibre permanents entre les attentes des responsables de BOP dans le cadre que leur ont défini les responsables de programme, sous l'autorité des préfets de région, et l'expression politique locale, telle qu'elle est relayée par les préfets de départements et leurs services. En cas de déséquilibre, on balancera entre des critiques d'une application par trop tyrannique et jacobine des politiques nationales et celles d'une application par trop hétérogène et « influencée », perdant de vue les objectifs globaux et à long terme.

Modernisation et développement des infrastructures routières : conséquences induites par la décentralisation

Les deux lois de décentralisation ont transféré tout le chevelu routier aux collectivités, à l'exception du réseau routier national et du réseau concédé. Auparavant, l'État développait le réseau selon une vision centralisée et selon une organisation strictement verticale.

Déjà après la première décentralisation, les nouveaux développements ont conduit à partager une vision de l'avenir du réseau avec les conseils généraux. Avant la LOLF, cette vision partagée servait de cadrage commun entre l'État, maître d'ouvrage et les collectivités intéressées. Sans préjuger pour autant de la disponibilité des financements votés par le Parlement.

La concomitance de la deuxième décentralisation et de la LOLF conduit à des évolutions lourdes de ce fonctionnement : vu le champ marginal sur lequel intervient désormais l'État, la maîtrise d'ouvrage est transférée de l'échelon départemental et regroupée à l'échelon régional, les compétences décentralisées sont largement transférées aux conseils généraux.

L'État engage alors un travail d'élaboration de plans régionaux de développement et de modernisation des infrastructures routières. Selon les régions, soit les financements ont été totalement décroisés, soit les co-financements perdurent. Dans tous les cas, les plans constituent des nouveaux schémas de développement partagés entre l'État et les collectivités concernées.

C'est dans ce contexte nouveau que la décision est prise de confier la responsabilité du BOP correspondant aux financements du réseau routier à l'échelon régional déconcentré. Ainsi, même si le cadre en a été préalablement défini, le monde de la route a connu en l'espace de quelques années une mutation d'un modèle hyper-centralisé et vertical vers un monde décentralisé et déconcentré, le dernier acte étant celui de la déconcentration de la programmation. Néanmoins, le suivi des opérations (et leur consistance) continue d'être pris en charge très étroitement à l'échelon central, dans une cohérence logique avec le reste du réseau national.

Cette mutation conduit inéluctablement à une association renforcée du tissu local à la mise en œuvre de cette politique, dans un contexte de moyens en réduction, compte tenu du rétrécissement fort du périmètre post-décentralisation. Tant le choix des opérations que le phasage de leur réalisation doivent être réexaminés dans une vision plus cohérente du développement du réseau, mais aussi de ses besoins d'aménagement et plus largement d'aménagement des territoires traversés.

Le pilotage de l'échelon départemental par les objectifs

Ce domaine est encore très hétérogène selon les politiques et culturellement l'un des plus sensibles. C'est la LOLF qui a conduit la totalité des ministères à basculer d'une logique de pilotage direct de l'échelon départemental par l'échelon central à celle d'un pilotage de l'échelon départemental par l'échelon régional, dans le cadre défini par les responsables de programme. Sa mise en œuvre a connu une première phase de transition, lors de laquelle il était surtout demandé à l'échelon régional de répartir au mieux les effectifs des corps gérés par un ministère, sans lien express avec les autres moyens et avec les objectifs à atteindre (au moins de façon quantitative).

La nouvelle organisation de l'État telle qu'elle résulte de la RGPP rend désormais incontournable un nouveau modèle de pilotage de l'échelon départemental par les objectifs, tous moyens confondus, tout en tenant compte des contextes différenciés de chacun des départements. Désormais, il s'agit pour l'échelon régional de répartir des moyens humains, indépendamment de leur corps d'appartenance, afin d'atteindre et de respecter certains objectifs. De même que le dialogue de gestion entre l'échelon national et l'échelon régional doit conduire à partager une vision commune des politiques à mettre en œuvre, le cas échéant en faisant un tri et des choix, la même responsabilité incombe aux responsables de BOP régionaux et d'unités opérationnelles départementales, sous l'autorité de leur préfet respectif, là aussi en faisant des choix. Ce sont ceux qui auront la traduction la plus concrète.

La gestion des moyens humains : « compétence » et « proximité », un écartèlement qui a de l'avenir...

Parmi les moyens à arbitrer figurent les agents de l'État : où répartir les fonctionnaires sur le territoire ? La gestion de corps permet de recruter des fonctionnaires compétents sur chacune des politiques prioritaires. C'est particulièrement vrai des corps techniques, qui s'appuient sur des écoles dédiées. Les acteurs locaux plaident pour des agents compétents pour les affaires prioritaires de leur territoire : ils attendent un service au public ; s'ils connaissent le plus souvent le volet régalien de l'action de l'État, le plus naturel mais aussi potentiellement le plus conflictuel, ils aimeraient bien pouvoir bénéficier de conseils éclairés pour faciliter la mise en œuvre des politiques publiques. À l'ère des réductions prévisibles des dépenses publiques, comment sera-t-il possible de réduire cette quadrature du cercle ?

Inévitablement, on doit se poser la question du maintien de certaines compétences sur certains territoires. L'expérience sur certaines politiques décentralisées a mis en évidence la grande fragilité de l'État sur certaines politiques résiduelles, du fait de l'abandon total de certaines compétences. Quelles compétences conserver ? Avec quelle répartition sur les territoires ? Le responsable de programme a la réponse à la première question. Le dialogue de gestion entre région et département doit répondre à la deuxième dans la plus grande transparence et la plus grande sérénité, avec le souci permanent de la recherche de l'optimum et du meilleur équilibre. Si elle n'est pas traitée explicitement – y compris en maintenant des postes valorisants dans les territoires –, l'évolution implicite conduirait inéluctablement à resserrer les compétences à l'échelon régional.

Recommandations pour un dialogue constructif entre les responsables de BOP et les préfets de département

Connaissant la propension, à l'échelon territorial, à vouloir disposer à tout prix d'effectifs sur tous les territoires, les responsables de programme prennent souvent la précaution de notifier leurs moyens de façon très directive. Le rétablissement de la confiance et d'un équilibre pertinent devient alors délicat.

Comme souvent pour que la confiance se rétablisse, un effort de transparence doit être réalisé à tous les niveaux : le responsable de programme doit exprimer très clairement ses volontés et arbitrages stratégiques, notamment pour mesurer le caractère impératif de l'affectation de certains moyens ; le responsable de l'unité opérationnelle doit lui aussi expliciter sa situation de départ (indicateurs, moyens) de façon aussi précise que possible ; le responsable de BOP doit contribuer à une vision partagée de tous, notamment en s'appuyant sur un tableau d'indicateurs et de moyens aussi indiscutables que possible.

Outre la transparence des outils, le processus de décision et d'arbitrage doit lui aussi être rendu aussi transparent que possible : en particulier, l'échelon départemental doit bien mesurer la pertinence des objectifs et des marges de manœuvre dont dispose le responsable de BOP. Ainsi, le processus connaît plusieurs étapes entre l'expression des besoins, le résultat des différents dialogues entre les échelons national et régional d'une part, et régional et départemental d'autre part, puis la préparation de l'arbitrage régional.

Reste le choix de la répartition des moyens entre l'échelon régional et l'échelon départemental : les moyens opérationnels seront le plus souvent présents à l'échelon départemental, l'expertise « unique » et les moyens du pilotage des politiques seront à l'échelon régional. Dans le cas de l'expertise « répartie », le meilleur équilibre doit être recherché entre les deux échelons, en faisant toutefois un constat : s'il y a moins de postes que de départements, il n'est pas possible d'affecter un agent par département… Si la continuité de service doit être assurée, même un poste peut ne pas être suffisant pour assurer cette continuité. Le travail en réseau piloté par l'échelon régional devient alors la règle par la force des choses. Il ne peut être que le résultat d'une convergence progressive des objectifs, en tenant compte des spécificités de chaque territoire. Là aussi, la transparence du résultat souhaité est impérative : tant les objectifs communs que les facteurs de différenciation et politiques spécifiques doivent être collectivement assumés.

LOLF et collectivités territoriales : même combat ?

Si la LOLF ne s'applique pas aux collectivités territoriales, certaines d'entre elles s'en sont inspirées.

La finalité est simple : donner plus de lisibilité aux politiques menées par la collectivité, en améliorer la transparence, développer l'évaluation et le contrôle de gestion. Et bien sûr, permettre à chacun de mieux jouer sa partition à son niveau : pour les élus, avec une intervention plus forte dans le débat public sur les orientations et sur la stratégie ; pour les fonctionnaires, dans la responsabilité de l'action et dans l'économie des moyens !

Par exemple, un conseil général du grand Ouest a lancé son travail avec une analyse prospective du territoire pour identifier ses enjeux majeurs de développement. Ces enjeux ont permis de définir les missions au sens LOLF. Ces missions ont été déclinées systématiquement en stratégies et en programmes, eux-mêmes précisés en actions. Avec la prise en compte du retour d'expérience de certaines des difficultés rencontrées par l'État (voir plus haut), le conseil général a accordé une forte importante aux questions de gestion des ressources humaines et aux questions d'organisation, pour les intégrer immédiatement à la réflexion. Dans les ingrédients essentiels, on note les débats qui associent les élus sur la prospective budgétaire pluriannuelle et les Projets annuels de performance (PAP) – ce sont ces débats qui donnent la matière pour les lettres de cadrage du budget n+1.

Les collectivités qui ont appliqué cette logique d'action en tirent le plus souvent un bilan positif : meilleure lisibilité d'action pour la collectivité au travers de la clarification des missions et des objectifs ; vision plus stratégique dans les débats menés par les élus sur les orientations de la collectivité ; et surtout, bonne mise en cohérence entre priorités de la collectivité, fonctionnement interne et objectifs des services, et le cas échéant, évaluation des fonctionnaires…

4

COMMENT RÉUSSIR LES DÉMARCHES QUALITÉ
DANS LE SECTEUR PUBLIC ?

« La qualité, ça ne concerne pas les services publics. C'est vrai : toutes les normes, toutes les démarches, c'est fait pour des produits industriels. L'intérêt général, les démarches administratives, les services, ce sont des tâches nobles qu'on ne peut pas mettre en boîte ! Nous, on n'a pas de client, on travaille pour le citoyen… »

Un mélange de méconnaissance, voire de mépris pour les tâches concrètes, mais aussi de recul devant un investissement qui n'avait pas sa place jusqu'alors dans la culture administrative, servent le plus souvent de prétextes pour refuser l'obstacle de la qualité. Et pourtant, que de tentatives depuis plusieurs années pour y aller sans en dire le nom : l'écoute des parties prenantes, la charte Marianne, des procédures dans tous les sens…

Les services administratifs peuvent-ils admettre qu'il leur arrive de faire des erreurs pour en tirer de l'expérience et s'améliorer ? Au-delà des préjugés de principe, ceux qui s'y sont lancés n'en tirent que des bénéfices. Et si l'inves-tissement en valait le coup ? Ce chapitre vise à l'illustrer de manière concrète :

- *en montrant en quoi qualité et service public peuvent bien résonner, même – surtout – si un « administré / usager » n'est pas un « client » ;*

- *en donnant des pistes pour renouveler l'écoute et les relations avec les bénéficiaires ;*

- *en faisant des démarches qualité des moments privilégiés de conduite du changement et d'évolution de culture ;*

> • *et en les mettant en perspective avec un travail sur le sens et les valeurs du service public…*
>
> *La qualité ? Chiche !*

L'administration n'a pas de « clients » : pourquoi parler « qualité » ?

Les précurseurs : un bon début, mais des outils encore imparfaits

Les démarches qualité sont apparues au début des années 1980 dans le secteur privé, afin de remplacer des contrôles systématiques *a posteriori* par une démarche *a priori* permettant d'apporter l'assurance de la qualité sur la base d'un faisceau de preuves. Conçues à l'origine pour des produits industriels correspondant à des modèles standard, elles ont beaucoup évolué dans le privé, puis dans le public, vers des démarches de plus en plus complexes, mêlant produits et services et prenant en compte la très grande diversité des attentes de clients variés.

Certaines administrations se sont laissé tenter par des démarches qualité dans les années 1990. Quoi de plus convergent que des procédures qualité et des procédures administratives ? Avec un peu de recul, l'examen de ces premières initiatives donne le sentiment de démarches lourdes et quasi bureaucratiques, pour des bénéfices parfois limités.

Heureusement, les versions récentes de la norme ISO 9001, puis toutes les normes « cousines » (ISO 14000, etc.), allaient donner un nouvel élan aux démarches qualité dans les services publics, apportant une réelle valeur ajoutée aux processus administratifs et plus largement, aux services publics. Le recentrage des démarches sur les attentes des clients et la meilleure adaptation des démarches processus aux services fournissent désormais un outil utilisable pour la plupart des processus administratifs, en permettant de se détacher d'approches trop formalistes.

La charte Marianne est la version « marketing » du processus d'accueil du public, qui concerne la plupart des administrations. Le « zéro mépris » est la traduction immédiatement compréhensible de « l'écoute client ». Finalement, de la qualité sans le savoir et sans le dire.

Et si les services publics apprenaient à redécouvrir les démarches qualité, dépoussiérées de leur image « papier » des années 1990 ?

La norme ISO 9001 : quelques principes de base

- Le client : quel est le client ? Que veut le client ? Dès lors qu'on apporte un service à un client, il est nécessaire de définir les spécifications du « produit » en fonction des attentes précises du client. Faire plus, c'est de la surqualité. Faire moins, c'est générer de l'insatisfaction.

- Le périmètre de la démarche : que veut-on contrôler ? Pas besoin de mettre sous contrôle tout ce que l'on fait, si cela impacte peu la qualité du produit.

- Comment s'assurer du résultat ? Il faut poser la question régulièrement au client. On peut en avoir une idée, mais cette idée n'est peut-être pas celle du client. Ce n'est pas parce qu'une procédure prévoit de faire quelque chose que le résultat de la procédure apportera la satisfaction au client.

- Le « bouclage de la qualité » : il faut se fixer des indicateurs pour vérifier le respect de la qualité. Si ces indicateurs ne sont pas respectés, on enregistre des écarts et on en garde une trace. On engagera une action curative pour améliorer la qualité du produit directement impacté, mais on engagera aussi des actions correctives pour éviter que l'écart se reproduise. En anticipant plus, on pourra même prévoir des actions préventives qui permettent d'apporter une amélioration, avant que l'écart se produise. Le plus souvent, les actions correctives et préventives conduisent à modifier les processus existants et à boucler le système par retour d'expérience. La formalisation permet de garder la mémoire des écarts.

- L'importance de la formation : les processus mobilisent des personnes, la qualité des produits dépend étroitement de la ressource humaine mobilisée, tant en quantité qu'en qualité. La formation est un facteur clé d'amélioration, qu'il s'agisse de la formation initiale ou de la formation à la prise de poste, dans le cadre de processus d'habilitation pour les métiers qui le nécessitent, mais aussi pour l'apprentissage des améliorations au sein des équipes.

- La culture de la qualité : les démarches de qualité globale doivent impliquer le maximum d'agents, elles reposent sur une culture de l'amélioration continue. C'est un état d'esprit qui doit remettre en cause un réflexe de stigmatisation individuelle face à l'erreur pour apporter des réponses structurelles et organisationnelles adaptées, grâce à l'erreur.

L'administration n'a pas de « clients » : elle ne connaît que des usagers... et même des administrés !

Quand un service public initie une démarche qualité, la première question qu'il doit se poser est : « Qui est mon client ? »

Une première réponse idéologique fuse invariablement : « Le citoyen. » Comme on sent que le concept est pour le moins abstrait, on se replie alors sur plusieurs incarnations plus ou moins évidentes : les médias, les élus, les associations, etc. Néanmoins, cette catégorie de clients explicite rarement ses attentes et ses besoins, ou elle le fait le plus souvent en négatif par la critique, la réclamation, etc. qui en sont la traduction la plus fréquente. C'est important, mais cela reste un peu limité pour construire une démarche structurée.

La culture de nombreuses administrations les conduirait ensuite à désigner comme client le ministre, le président, le Parlement, le ministère, etc. C'est généralement un client essentiel, qui sait ce qu'il veut le plus souvent et qui est très prescriptif. Au sein de l'État, avec la LOLF, ses critères de satisfaction se sont même affinés. Pour les services déconcentrés, il en va de même avec les préfets. La difficulté, cette fois, découle des décentralisations successives et de l'invitation des parties prenantes à la table des politiques publiques : tout le monde sait bien que l'application stricte des orientations ministérielles peut se heurter à un certain nombre de difficultés, voire d'oppositions du citoyen – ou d'une catégorie de citoyens. L'administration a progressivement appris à trouver des solutions originales pour concilier les différents points de vue.

Allons plus loin : on ne passe finalement pas tant de temps que cela avec ces clients-là. La raison saute aux yeux : chaque administration met en œuvre des services, instruit des dossiers, etc. Il va de soi que les clients auxquels on consacre l'essentiel de son temps et de son énergie sont ceux qui sont nos principaux interlocuteurs au quotidien. Historiquement qualifiés d'« usagers », d'« administrés », de « pétitionnaires », ils sont devenus des « bénéficiaires »… mais attention, les traiter de « clients » relèverait de l'hérésie publique !

L'émergence de ce tryptique est une petite révolution : les démarches qualité obligent à rééquilibrer les termes de l'échange : le trio

« citoyen » / « donneur d'ordre » / « bénéficiaire » est un point quasiment commun à tous les processus publics. L'instruction d'une autorisation administrative commence par la demande d'un bénéficiaire (le pétitionnaire ou le demandeur), implique plusieurs services dans un cadre fixé par l'autorité de tutelle, peut éventuellement impliquer le citoyen en cas d'enquête publique, et a l'ambition de respecter les droits des tiers « dans l'intérêt général ».

Prenons des exemples un peu plus osés : un procès pénal en cours d'assises doit statuer du sort d'un mis en examen, le procureur représentant le ministère public, le citoyen étant à la fois partie prenante dans un jury ou auditeur libre… La délivrance d'un enseignement primaire ou secondaire présente un bénéficiaire évident – qui paie parfois – dans un cadre fixé par l'Éducation nationale. Certes, l'attente du citoyen est probablement plus difficile à appréhender. Plus loin, le concept de « parties prenantes » qui a émergé au cours des années 2000 étend potentiellement ce tryptique à l'infini.

Les nouveaux clients : l'émergence des patients dans les politiques de santé

Les années 1980 ont connu l'émergence de nouvelles menaces majeures pour la santé publique : émergence du SIDA (affaire du sang contaminé) et de la maladie de Creutzfeld-Jacob (affaire de l'hormone de croissance), maladies nosocomiales en milieu hospitalier, expositions aux rayonnements ionisants, etc.

La santé publique était jusqu'alors une affaire de médecins, qui, du fait de leur savoir et de leur art, avaient un pouvoir absolu sur leurs patients. Les laboratoires pharmaceutiques fabriquaient des médicaments, les hôpitaux fabriquaient du soin.

Les enseignements en ont été tirés tout au long des années 1990 : des agences sanitaires ont été créées pour évaluer, contrôler et maîtriser la chaîne de soin ; les patients se sont réunis en associations pour participer aux débats ; les médias ont publié des données jusqu'alors inexistantes ou confidentielles sur la qualité des soins, etc.

La santé publique est passée de l'ère de l'art ésotérique, maîtrisé par les disciples d'Hippocrate, à celle du service soumis aux règles de la qualité, sous le regard vigilant de nouveaux clients. L'Agence nationale pour l'accréditation des établissements de soin a été créée pour accompagner le passage à la qualité, des Centres de coordination de lutte contre les infections nosocomiales sont des précurseurs d'amélioration continue… Les groupes de patients sont désormais associés à l'évaluation de nouveaux médicaments et les hôpitaux établissent des chartes à l'intention de leurs patients.

Qui a dit que la pratique médicale ne pourrait pas décliner une approche par la qualité ?

Allez à la rencontre de vos clients et explicitez leurs attentes dans leurs spécificités... Ils ne veulent pas tous la même chose !

Autre spécificité des démarches dans les services publics : un même « produit » peut intéresser plusieurs clients avec des attentes contradictoires. Les quelques exemples développés ci-dessus permettent de s'en persuader facilement. Si l'industriel cherche à vendre son produit à un client, selon des spécifications que ce client est le seul à définir dans une relation contractuelle avec son fournisseur – dans le respect de réglementations et de normes diverses et variées –, cette occurrence est quasiment exceptionnelle pour les services administratifs : il n'est pas rare que l'administration refuse une autorisation, privilégiant ainsi l'attente de son donneur d'ordre – et indirectement du citoyen – à celle du bénéficiaire.

Il s'agit bien du même produit, mais les spécifications auxquelles s'intéressent les différents types de clients ne sont pas les mêmes. La contradiction n'existe que sur certaines d'entre elles et le choix final du service instructeur relève bien de l'arbitrage attendu des puissances publiques.

Il va de soi que, dans un jugement pénal, la valeur des attentes du prévenu n'est pas spontanément mise au même niveau que celles de la société, ce qui n'empêche pas de s'intéresser aux « droits de la défense ». La construction d'un morceau de route peut impliquer de nombreux élus sur les territoires traversés : ou bien le tracé fait consensus et le projet peut prendre corps facilement, ou bien il oppose plusieurs approches ou plusieurs expositions aux nuisances contradictoires et la définition du bon produit peut devenir insoluble, selon les rapports de force entre élus. L'émergence de la concertation dans de nombreux processus de décision publique n'est rien d'autre que le besoin d'une expression explicite des attentes des différents clients, tout particulièrement du citoyen.

Dans l'esprit d'une démarche qualité, le premier travail des services administratifs est de réduire le plus possible le champ des contradictions, de mettre en perspective et de hiérarchiser les attentes des différents clients. Ce qui se traduit en langage qualité par « recenser tous les clients intéressés et préciser les spécifications du produit ». En langage administratif, cela s'appelle « préserver les droits des tiers ».

L'utilisation de l'eau d'un barrage concédé : comment traiter les conflits d'usage comme un « problème de qualité » ?

Les barrages hydroélectriques sont concédés : un concessionnaire s'en voit confier l'exploitation pour le compte de l'État. À l'origine, la loi prévoyait un usage quasi exclusif à la production d'électricité, à l'exception de ce qui est couramment appelé « débit réservé », laissé aux autres usages. Deux précisions néanmoins : certaines exploitations ne sont possibles que moyennant des retenues de grand volume qui ont transformé des espaces et des paysages de montagne ; une fois turbinée, l'eau peut parfaitement être utilisée au bénéfice d'autres usages (agricole, pour les milieux naturels, etc.).

Ainsi, l'octroi ou le renouvellement d'une concession doit tenir compte de multiples clients, même si l'administration identifie surtout les candidats concessionnaires comme ses clients privilégiés. En tant que concessionnaires, ceux-ci doivent optimiser le productible électrique et assurer la pérennité et la sécurité des ouvrages. Le retour est à la fois énergétique et économique.

Avec le temps, certains clients ont progressivement exprimé des attentes de plus en plus fortes : les pêcheurs et les associations de protection de l'environnement ont demandé plus d'eau pour les rivières et les espèces qui y vivent, les agriculteurs veillent à ce que leurs droits d'eau leur permettent d'irriguer leurs cultures. Mais le moins inattendu n'est probablement pas celui de collectivités territoriales qui, plusieurs années après la mise en place de cette retenue artificielle, tirent un bénéfice récurrent de l'activité touristique générée : si le niveau baisse trop, c'est la saison touristique suivante qui sera « plombée » !

Peu à peu, l'instruction d'une concession hydroélectrique doit tenir compte de toutes ces attentes, qui n'ont pas nécessairement été exprimées initialement, mais dont l'expression s'est progressivement affinée et explicitée. Ne pas en tenir compte ferait courir le risque de réactions adverses de nombreux clients…

Dans l'attente des clients, la forme compte parfois au moins autant que le fond...

La plupart du temps, une personne ou un organisme contrôlé attend légitimement qu'on les traite avec respect, qu'on leur précise la réglementation, voire qu'on en explicite les enjeux, les motivations, etc., ce qui n'empêche en rien de l'appliquer strictement et avec rigueur : au contraire, une bonne connaissance de la réglementation est la première condition pour sa bonne application. La compréhension de ses motivations est une condition nécessaire à son consentement – c'est bien sur ce principe qu'est fondée la pratique des avertissements ou des rappels au règlement. De plus en plus, la principale attente d'un bénéficiaire est le raccourcissement des délais de ses procédures : qui osera prétendre que cette attente est secondaire ?

Trois points de méthode pour l'écoute des clients

- ne pas négliger l'écoute initiale des clients. C'est une occasion de dépasser les malentendus et de faire preuve de pédagogie. Les services publics ont plutôt l'habitude de réformes décidées à un niveau politique. Ainsi, le produit est principalement conçu comme la déclinaison d'un produit préformaté, selon la définition d'un client unique. Or, aussi surprenant que cela puisse paraître, le malentendu est fréquent entre le concept initial de ce que propose un décideur public, après un processus démocratique, et sa mise en application sur le territoire, avec les acteurs de terrain. Aller voir ces acteurs de terrain doit avoir deux fonctions : faire de la pédagogie sur les « nouveaux produits », mais surtout, de façon symétrique, tenir compte des attentes du terrain pour adapter ces nouveaux produits aux attentes locales, voire, pour le fonctionnement de la structure, fournir des idées et des propositions pour répondre à des attentes non nécessairement prises en compte par les autorités politiques.

- formaliser l'écoute clients, à commencer par celle des « autorités ». Dans la durée, l'écoute externe de l'encadrement est cruciale. Dès lors que des messages sont transmis à des représentants de l'encadrement supérieur, leur capitalisation, leur transmission, leur partage avec l'ensemble des agents qu'ils concernent est un autre moteur de la qualité et de la réactivité. Ainsi, contrairement à la culture historique de l'administration, dont l'organisation et le fonctionnement étaient fondés sur la maîtrise de l'information et sa convergence vers le sommet, la culture qualité, dans le contexte de systèmes d'information ouverts, impose à l'inverse un partage de l'information jusqu'aux niveaux les plus bas des structures. C'est bien aux responsables de faire descendre l'information, aussi rapidement et fidèlement que possible, car c'est à eux que les clients s'adressent, lorsqu'ils souhaitent exprimer leurs attentes les plus importantes.

- bien distinguer l'écoute clients des « bénéficiaires » du contenu de la relation « contrôleur-contrôlé ». Comment prendre en compte les attentes d'un organisme contrôlé, sans perdre de son autorité ? C'est une question récurrente des administrations de contrôle – et surtout des inspecteurs et contrôleurs, dont le métier n'est pas toujours simple, face à des administrés réticents. Naturellement, il ne s'agit jamais de questionner le contrôlé sur le fond de ce qu'on lui demande : ni lui, ni le contrôleur n'en ont décidé. Par contre, comprendre l'esprit de la réglementation est non seulement légitime, mais on l'a vu plus haut, c'est une condition *sine qua non* pour qu'elle soit correctement respectée. Si le contrôlé estime que ce qu'on lui demande n'est pas clair, il ne serait pas loisible de le laisser trop longtemps dans une situation d'insécurité juridique. Que les contrôles soient programmés ou inopinés, leur forme est un des éléments qui apportera *in fine* la meilleure garantie de mise en conformité, si elle apparaît nécessaire, *a fortiori* lorsque le fond n'est pas négociable.

Parler d'« attentes clients » pour les impôts est-il absurde ?

« Il est absurde de parler "clients" pour les impôts : les attentes de nos usagers sont d'abord de ne pas payer d'impôts… Alors, bien sûr qu'il ne faut pas répondre à ces attentes et qu'il est absurde de vouloir les traiter comme des clients ! » Voici le type de remarques que les initiateurs des démarches qualité auprès du ministère des Finances étaient sûrs de recueillir il y a une quinzaine d'années, quand ceux-ci parlaient de l'importance de prendre en compte les attentes des clients… alors même que les enquêtes menées auprès des usagers montraient l'importance que ceux-ci accordaient à la qualité de l'accueil, aux horaires, à la réponse au téléphone, etc. Il en ressortait également que les usagers étaient très respectueux de leur propre devoir de payer l'impôt !

Quel chemin parcouru depuis lors par une administration qui a fait de la qualité de service un des axes majeurs de sa stratégie ! Avec une conviction : l'acceptation de l'impôt et de l'administration en charge de le déterminer et de le collecter est pour partie liée à la qualité du service rendu. On ne parlera pas de « client » bien sûr, mais on se préoccupe de bien répondre aux paramètres clés de la qualité de service.

Dès la fin des années 1990, la direction générale des impôts a ainsi déterminé des standards de qualité, en les mesurant et en publiant les résultats. À l'époque, il s'agissait de :

- la généralisation de la réception sur rendez-vous ;
- la réponse au téléphone (« Pas d'appel téléphonique sans suite. ») ;
- l'envoi des formulaires à domicile ;
- la systématisation des réponses d'attente si une expertise est nécessaire ;

• la levée de l'anonymat.

La mesure de ces standards et leur publication ont bien sûr largement contribué à améliorer les résultats. De nouveaux critères qualité ont été introduits depuis, notamment pour tenir compte des nouveaux modes de communication électronique. Avec, bien sûr, une motivation commune de qualité partagée par les agents…

Et le principe d'égalité dans tout cela ? De la qualité à deux vitesses ?

Un écueil à éviter, tout de même : l'égalité entre les administrés est-elle respectée ? Ne risque-t-on pas de tomber dans une qualité « à la tête du client » ? C'est bien la raison pour laquelle les services publics ont intérêt à définir les spécifications de ces produits le plus précisément possible et de façon transparente, ce qui est une différence non négligeable par rapport à la qualité de produits ou services industriels : la perception d'injustice et d'inéquité résulte du sentiment que les règles ne sont pas les mêmes pour tout le monde. En réalité, elles le sont, mais si leur déclinaison n'est pas explicite et transparente, tous les fantasmes sont permis. Ainsi, la mise en perspective et la hiérarchisation des attentes des clients doivent être aussi transparentes et publiques que possibles. C'est bien l'impulsion qui a été progressivement donnée aux processus d'attribution de logements HLM : la définition de règles et leur mise en œuvre en toute transparence ont petit à petit dissipé les soupçons qui ont pu exister du fait de pratiques historiquement peu formalisées, jusqu'à la mise en place prochaine du « numéro unique ».

Dans la continuité du même constat, et *a fortiori* en cas d'arbitrage, il est encore plus important d'en expliciter les motivations. C'est le principe de base de la motivation des décisions publiques. Même si la judiciarisation des affaires publiques fait florès depuis quelques décennies, il n'est encore pas rare de lire des décisions à la motivation insuffisante. C'est pourtant, là encore, un autre principe de bonne administration qui trouve son équivalent simple dans le langage « qualité ».

Satisfaire le chef... ou le client ?

La mise en place de démarches qualité dans les services publics induit un autre questionnement troublant dans la culture administrative française : celui du rapport à l'autorité. Le fonctionnement hiérarchique et la loyauté sont des principes de base d'un bon fonctionnement administratif. Déjà, la circulation tous azimuts de l'information rend le premier principe presque obsolète et la plupart des organisations modernes fonctionnent avec des organisations *a minima* matricielles. Quant à la loyauté, on entend couramment rappeler « qu'avoir plus d'un chef, c'est n'en avoir aucun ».

Mais alors, peut-on à la fois avoir un chef et des clients ? Un donneur d'ordre est-il un client comme un autre ? N'a-t-il pas un statut particulier, non négociable, dans l'ensemble des clients ? Autre provocation : qui est le mieux servi, à la fin ? Le chef ou le client ? Le chef peut imposer les spécifications d'un produit... mais qui dit qu'elles lui apportent le meilleur bénéfice ? Finalement, c'est quand même le fournisseur qui connaît le mieux son produit. Prenons un autre exemple pour illustrer cette apparente contradiction : si la délivrance d'une autorisation présente une fragilité juridique avérée ou si un rapport ou un avis signalent de telles fragilités, prendre malgré tout une décision, même pour des raisons légitimes, conduira à un produit défectueux...

Alors que les entreprises vivent désormais depuis plusieurs années en s'accommodant sans trop de peine de cette distinction, grâce à leurs organisations matricielles, l'organisation administrative, notamment du fait de la multiplicité des clients et de leurs attentes, met plus de temps à en faire l'apprentissage.

Cette contradiction ne peut se résoudre qu'en admettant qu'un client peut obtenir beaucoup plus qu'une autorité, en toute loyauté ! En fait, la loyauté est le service minimum à l'autorité et le service au client peut apporter une valeur ajoutée bien supérieure. Le chef peut même obtenir beaucoup plus de son collaborateur fournisseur de services que de son collaborateur serviteur.

Dans le même esprit, les inspections de services ou les audits de Cour des comptes sont des pratiques répandues dans les instances publiques. Elles sont culturellement vécues comme la manifestation de l'autorité suprême. Le bénéfice qu'on en retire – si on a peu à se reprocher – est pourtant incommensurable, si on considère ces autorités comme des clients exigeants qui ont le mérite, eux, d'exprimer clairement des attentes et des besoins, après être allés fouiller dans les entrailles de la machine.

Là encore, on nuancera le propos en admettant l'existence de conflits de loyauté entre plusieurs « clients donneurs d'ordre ». Cette situation est heureusement suffisamment rare pour ne pas battre en brèche la philosophie générale d'une démarche qualité, mais on a parfois le sentiment que le recours ultime à l'autorité serait le seul moyen de résoudre ce conflit insupportable. L'autre vertu des démarches qualité dans l'administration est de parvenir à démontrer que ce qui peut être perçu comme un conflit de loyauté est en réalité l'impossible résolution d'attentes contradictoires... Cela relève alors d'un processus d'arbitrage. C'est un moyen d'objectiver ce qui se conçoit couramment de façon passionnelle.

Des services à des clients font-ils des politiques publiques ?

Dernier point sur les clients : comme cela a été développé au chapitre précédent, la LOLF fournit une expression plus explicite des attentes du Parlement, formulées sous formes d'objectifs et non plus comme un carcan de moyens. S'il est un client qui est le plus à même de traduire les besoins du citoyen, c'est bien celui-là. À ce titre, la mise en œuvre de la LOLF depuis 2005 fournit une référence idéale pour les démarches qualité de services administratifs, au-delà des doutes sur la pertinence de tel ou tel indicateur de performance. Finalement, sans qu'il y ait un quelconque lien entre la nouvelle version de la norme ISO 9001 et la LOLF, leurs logiques relèvent pourtant de la même finalité : les services publics de l'État disposent donc de nombreuses briques de base pour mettre en œuvre des démarches qualité. On pourra juste rétorquer que la LOLF se focalise sur l'efficacité et l'efficience, et moins sur la qualité.

Adaptez les procédures, ne vous faites pas commander par elles

La plupart des services publics sont irrigués de procédures administratives : pour certains, c'est même leur raison d'être. Et si, le plus souvent, la mise en place de démarches qualité suscite le plus souvent des résistances, critiquant l'addition de nouvelles procédures à un mille-feuille déjà bien indigeste, en réalité, les procédures existantes rassurent, sont présentées comme l'outil facile pour garantir l'égalité aux administrés, la meilleure façon de faire à l'épreuve du temps et, *last but not least*, la meilleure protection contre les contentieux.

La traduction la plus commune d'une telle résistance est souvent entendue : « On a toujours fait comme ça et ça marche. Pourquoi changer ? » Les services publics n'ont certainement pas le monopole de telles réactions. Mais c'est justement l'illusion que la procédure apporte déjà des réponses appropriées qui rend encore plus légitime une démarche par processus dans les services publics.

Face à une expérience accumulée et consolidée au fil des années, travailler les processus conduit à se réinterroger sur les finalités de son action au service du public en prenant du recul sur sa façon de faire, à prendre conscience de dysfonctionnements, de pratiques ou de maillons inutiles, du décalage entre les attentes de la société en mouvement et de pratiques qui ont probablement été satisfaisantes à une certaine époque, mais qu'on n'a pas vu vieillir. En particulier, cela permet de percevoir les attentes nouvelles de certains clients que la procédure ignorait.

Retravailler un processus redonne du sens à l'action publique : pour qui et pour quoi fait-on ce que l'on fait ? On ne commence pas par répondre, mais par se poser des questions : quel est l'esprit de telle réglementation, de tel acte public ? Si un citoyen ou un bénéficiaire considère qu'ils sont stupides, sait-on lui expliquer pourquoi ce n'est pas vrai ? Dans ce cas, l'explication favorise l'application de ces règles pour l'avenir. Ou, à l'inverse, ce citoyen ou bénéficiaire n'a-t-il pas un peu raison ? Faut-il quand même appliquer la réglementation à la lettre ou peut-on prendre la liberté de l'interpréter, voire d'en proposer des modifications ou des aménagements ? Car, au fond, si l'esprit de la réglementation est respecté d'une autre façon, est-ce acceptable ?

Les processus de contrôle : de la vérification informelle à l'acte de droit, public et publiable

En dépit d'une pratique pourtant précoce de l'action régalienne dans l'administration française, beaucoup d'inspections dans les années 1980 ne brillaient pas toujours par leur rigueur et leur formalisme. Ainsi, la pratique des contrôles se limitait souvent à des vérifications dans un contexte bilatéral, pas toujours suivi de rapports, encore moins de suites. Ces contrôles donnaient tout juste lieu à des lettres au statut incertain, sans réelle portée ni contour précis.

Fort heureusement, la pression du citoyen, aussi bien que celle du juge, ont conduit de multiples organismes à s'interroger plus complètement sur les finalités et les modalités des processus de contrôle, améliorant de fait leur qualité.

• Pour contrôler, il faut avoir un référentiel explicite que le contrôlé connaisse et ne puisse contester : s'il est opposable, on le respecte.

• Un contrôle, ça se prépare : c'est vrai pour le contrôleur, mais c'est aussi vrai pour le contrôlé. Si la vision traditionnelle du contrôle par le public et les médias était encore récemment celle du réveil à l'improviste à l'heure du laitier, un vrai contrôle de fond nécessite le plus souvent une préparation. Le contrôleur doit identifier les enjeux à contrôler en priorité et recenser les textes applicables. Quant au contrôlé, il doit mobiliser sa structure interne. Généralement, il faut du temps pour résoudre les problèmes les plus profonds : même annoncée, une inspection permet de détecter les écarts les plus lourds. Ce qui n'empêche jamais, quoi qu'il en soit, la réalisation d'inspections inopinées.

• Un contrôle, ça se fait de façon structurée : il ne s'agit pas d'une aimable balade le nez au vent. Il faut un début, une fin, et un ordre du jour clair et connu de tous.

• Pour que le contrôle soit utile, il faut une formalisation claire de ce qu'il a mis en exergue : il faut des constats clairs et incontestés, il faut un exposé sans ambiguïté sur l'état du respect de la règle. À la fin, il faut en tirer les conséquences très clairement et ne pas éluder les questions qui sont susceptibles de fâcher. Un des principes désormais couramment admis est celui du « contradictoire » : il faut consolider les constats par un échange explicite avec le contrôlé. On est souvent surpris de réaliser que les constats sont le plus souvent incontestables, après avoir pris la peine d'écouter le contrôlé réagir à ce qui lui a été exprimé. Une fois les constats stabilisés, il devient ensuite moins fragile de proposer des suites qui, elles, relèvent clairement du jugement du contrôleur.

- Il faut conclure un contrôle : sur la base des constats, une lettre conclusive clarifie le statut du contrôlé par rapport à la réglementation (conforme ou non conforme), moyennant le cas échéant la proposition de poursuites administratives. Souvent, les suites des contrôles donnent lieu à des parties de ping-pong, sans que l'on sache bien, au bout de l'énième échange, quel est le résultat des courses... ce qui fragilise le contrôleur et le contrôlé.

Certes, de nombreux services publics ne nécessitent pas autant de questionnements (par exemple, le versement d'une allocation ou prestation sociale, la réalisation d'un acte hospitalier, etc.). Néanmoins, l'émergence des parties prenantes induit de nouveaux questionnements : leur répondre est souvent assez évident et assez simple, mais ils conduisent plus souvent qu'on ne le pense à reconsidérer certaines pratiques des « gens du métier ». Par exemple, les associations de protection de l'environnement et les médias s'invitent de façon de plus en plus active dans les débats sur le bien-fondé de telle réglementation ou de telle doctrine.

Bref, sans faire une présentation idyllique ni outrageusement optimiste de l'intervention des tiers dans des processus administratifs existants, partir du principe que des procédures sont améliorables, grâce aux « retours clients », peut conduire à s'attaquer au processus, en y entrant par le bon côté de la lorgnette – c'est même un renversement de la lorgnette... C'est aussi cette approche qui permet d'expliciter les motivations de l'action publique et d'en assurer la pédagogie nécessaire, tant vis-à-vis des agents des services publics que de leurs interlocuteurs.

L'autre valeur ajoutée de l'approche par les processus consiste à rendre explicites les interfaces avec d'autres processus qui peuvent induire un impact déterminant sur la qualité du service.

Les procédures administratives bousculées par « l'avis de l'autorité environnementale »

Les processus de réalisation d'infrastructures, de documents d'urbanisme, de projets d'installations ou de travaux peuvent être profondément impactés par les avis de l'autorité environnementale : la mise en œuvre de ces avis nécessite bien souvent la réalisation d'inventaires naturalistes. Et pourtant, ceux-ci étaient déjà exigibles depuis plus de trente ans, l'autorité environnementale n'a fait que le rappeler ! Jusqu'alors, selon le principe intangible de l'indépendance des réglementations, chacun de ces projets suivait son cours selon sa propre réglementation. C'est bien souvent, et avec un décalage important dans le temps, une modification de ces réglementations qui permettait l'intégration progressive d'enjeux nouveaux – par exemple, la réalisation d'évaluations d'incidences au titre de la directive Natura 2000. Dans l'intervalle, que de projets fragilisés pour avoir oublié ces exigences minimales de droit, que de conflits environnementaux qui auraient pourtant pu être anticipés ! L'avis (nouveau) de l'autorité environnementale n'a fait que donner une nouvelle visibilité externe à la réalisation de ces inventaires.

La préparation des avis de l'autorité environnementale prévoit désormais que l'ensemble des enjeux environnementaux soient portés à la connaissance très en amont : c'est une interface cruciale pour anticiper d'éventuelles difficultés dans l'élaboration du projet. Cette intervention très en amont peut alors nécessiter une modification en profondeur des projets antérieurement préparés. Il est alors impératif de modifier les procédures administratives correspondant à chaque type de projets, au risque de faire prendre beaucoup de retard au porteur du projet et de lui faire perdre de l'argent.

Apprenez de vos erreurs, en commençant par les admettre

Enfin, et ce n'est pas la moindre des valeurs ajoutées, l'obligation de boucler les processus, c'est-à-dire de s'assurer que chaque processus a une fin et un résultat mesurable, permet de formaliser objectivement les dysfonctionnements, de systématiser les retours d'expérience et de maintenir en permanence une posture d'écoute et de veille sur sa façon de faire. Dans la logique du chapitre précédent, c'est une discipline qui pousse à vérifier l'efficacité des actions entreprises et à porter un regard en permanence critique sur notre activité, son efficience et son efficacité.

C'est traditionnellement le point le plus sensible et le plus délicat des démarches qualité dans les services publics : par nature, une décision publique se doit de paraître forte, au risque d'être attaquée... comme un contrat entre client et fournisseur. L'administration, en particulier, a donc rarement le réflexe, la motivation et le loisir de porter un regard critique sur sa production.

Les explications à cela sont multiples et complexes. Culturellement, le droit à l'erreur est rarement reconnu ; l'accepter, le reconnaître et en tirer explicitement les conséquences est encore plus difficile. Dans un univers protocolaire, dont les procédures sont validées à un niveau supérieur, à quoi bon s'interroger sur la pertinence de sa façon de faire ? Enfin, dans un contexte de forte réduction des moyens de l'État, y consacrer le temps nécessaire suppose qu'on l'ait explicitement décidé. C'est bien la convergence de ces raisons qui implique que des démarches qualité dans les services publics, plus qu'ailleurs encore, repose impérativement sur le volontarisme des niveaux les plus élevés de la hiérarchie.

Au-delà, c'est même une posture nouvelle qui doit être progressivement apprise par l'ensemble des fonctionnaires : « On ne sera pas bon du premier coup. L'aveu d'erreur est moins culpabilisant. Au contraire, il suscite un débat et un échange. »

Y a-t-il un moment privilégié pour engager des démarches qualité ?

Plusieurs motifs sont fréquemment invoqués par les équipes pour reculer devant l'obstacle :

- En « régime de croisière », la première réaction est souvent : finalement, est-ce bien utile ? Le jeu en vaut-il la chandelle ? Les agents mettent en œuvre un certain nombre de procédures depuis des années, on les connaît bien. Certes, il y a parfois des dysfonctionnements, voire des contentieux, mais cela vaut-il la peine de mettre en branle un tel dispositif pour des gains hypothétiques ?

- En phase de restructuration plus ou moins lourde : vraiment, alors que tout le monde est mobilisé pour préparer et mettre en œuvre une réforme, a-t-on des moyens à consacrer en plus pour un tel investissement, alors même que l'on n'a pas de moyens supplémentaires – quand ce ne sont pas des moyens en réduction ?

Dans les deux types de situation, l'intérêt est d'apporter des outils et des méthodes standardisés et simples pour optimiser des façons de faire existantes. En outre, le grand intérêt de l'approche des dernières versions de la norme ISO 9001 est justement de pouvoir adapter le degré d'effort aux domaines dans lesquels les dysfonctionnements sont les plus importants.

En régime de croisière, c'est bien la mise en place d'une écoute systématique et d'un mécanisme d'amélioration continue qui apporte insensiblement un plus au quotidien. Déjà, et c'est crucial dans les services publics, le simple fait de montrer aux « administrés » qu'on est attentifs à leur demande est un élément important d'humanisation de leur rapport avec les services publics. En tenir compte, non seulement dans le service rendu mais aussi dans des actions curatives est déjà une première étape. Mais faire évoluer en conséquence les processus en profondeur est plus souvent qu'on l'imagine un investissement limité pour un gain facile et rapide.

Pour la culture des équipes, en outre, ce sont ces « petites choses » qui font progressivement prendre conscience de ce qu'apportent les démarches qualité et de l'intérêt de se réinterroger sur les « façons de faire » : pourquoi peut-on faire encore mieux, quand on a déjà le sentiment de bien faire son travail ? Sans même parler des domaines où préexistent des dysfonctionnements bien connus.

Plus profondément et dans la durée, ces démarches poussent alors à ce qu'on appelle couramment le « réengineering des processus », c'est-à-dire une analyse plus approfondie des processus qui présentent la non-qualité et les dysfonctionnements les plus importants et peuvent alors conduire à des révisions plus lourdes des pratiques. Si, dans beaucoup de situations, les actions correctives peuvent être apportées directement par les services concernés, dans le monde administratif, elles peuvent nécessiter dans certaines situations des modifications réglementaires, voire législatives... au bout de quelques mois, voire de quelques années !

La certification est-elle un objectif incontournable ?

La vertu de la certification est de « verrouiller » et de pérenniser une démarche de façon résolue. La certification garantit en particulier sa complétude et sa cohérence, pour une efficacité maximale. Bien souvent, elle est voulue comme une démonstration de performance vis-à-vis de l'extérieur. Il ne faut toutefois pas négliger l'investissement spécifique qu'elle nécessite. En outre, c'est un objectif à double tranchant : il est fédérateur pour les équipes et peut donner un jalon utile pour le projet, mais il peut parfois être vécu comme une fin en soi... alors que la fin reste la qualité de service ! Face à une population d'agents qui doivent faire l'apprentissage de démarches qualité, la certification peut parfois apparaître comme un objectif qui brouille la communication sur la démarche.

Pour des processus simples, sur des périmètres réduits, ce risque de brouillage est faible et l'investissement complémentaire qu'induit la certification par rapport à une simple « conformité à la norme » est également assez limité. C'est d'ailleurs la raison pour laquelle les démarches centrées sur un processus sont assez courantes dans les services publics.

Par contre, la certification d'une démarche globale constitue un effort nettement supérieur, sans que la valeur ajoutée pour les services soit si important que cela. « Qui trop embrasse, mal étreint » : dans une phase d'apprentissage, une simple référence à la norme en visant la conformité peut constituer un moteur déjà largement efficace pour réaliser les progrès les plus intéressants.

En phase de mutation, il est encore plus difficile de dégager les moyens nécessaires. Mais en situation normale, les gains potentiels peuvent être modestes à forts pour un investissement somme toute raisonnable ; le fait d'accompagner dès le départ une restructuration d'une démarche qualité a pour principal intérêt de définir le plus tôt possible une nouvelle façon de fonctionner et de faire, dans une configuration qui perturbe le fonctionnement antérieur.

En premier lieu, la modification de structures et de services soulève de nombreuses difficultés et occasionne de nombreux dysfonctionnements dans tout ce qui touche au quotidien : la circulation du courrier, plus généralement de l'information, l'organisation de la logistique (la gestion des déplacements, des véhicules, etc.). La révision générale des politiques publiques a ainsi conduit à de nombreuses fusions et fissions de services, avec des équipes souvent implantées sur de nombreux sites différents. Partir avec des procédures de bric et de broc, accepter un « désordre initial » n'est finalement pas trop grave, à condition de mettre en place en parallèle un système d'enregistrement et de traitement des dysfonctionnements qui permette de détecter le plus vite possible des pistes d'amélioration rapide pour revenir à une situation normale.

En second lieu, dès lors que les restructurations ont vocation à modifier plus ou moins sensiblement l'exercice de certains métiers, il peut apparaître nécessaire, tout aussi rapidement, de modifier profondément sa façon de faire. On doit même considérer que cet enjeu est certainement l'un des plus importants et l'un de ceux qui justifient le plus la mise en place de démarches qualité, dans des structures qui se réforment.

En effet, par le passé, les réformes de l'administration ont souvent consisté en des repositionnements de blocs de missions, soit pour mutualiser des moyens en réduction – en réunissant les moyens rési- duels en un lieu unique –, soit pour rapprocher des entités existantes dont les métiers étaient voisins. Dans ce genre de situations, on peut vivre avec l'illusion qu'on peut fonctionner comme avant... C'est parfois le cas. Le risque est néanmoins de faire l'apprentissage plus ou moins lent et plus ou moins brutal de dysfonctionnements sévères, si la question de la pertinence des processus mis en œuvre n'est pas posée d'entrée.

Au-delà de l'intérêt de s'inquiéter de la qualité de service aux clients, les démarches qualité ont alors plusieurs fonctions essentielles, pour les équipes cette fois, et constituent un élément clé du management des réformes et restructurations :

• définir de nouveaux repères dans un monde mouvant ;

• grâce à des méthodes participatives, permettre à chacun de comprendre en quoi « le monde change » et accepter plus facilement les nouvelles procédures et les conséquences induites par les restructurations ;

• le plus important certainement : diagnostiquer le plus tôt possible les nécessaires évolutions des métiers et des formations indispensables pour permettre aux agents de s'adapter dans leurs nouvelles entités.

L'apport de la démarche qualité à l'occasion de la création d'une DREAL

Les DREAL (Directions régionales de l'environnement, de l'aménagement et du loge- ment) ont été créées par fusion de trois anciennes directions régionales – les DRE (Direc- tions régionales de l'équipement), les DRIRE (Directions régionales de l'industrie, de la recherche et de l'environnement) et les DIREN (Directions régionales de l'environne- ment). Deux de ces directions recrutaient dans des corps issus de ministères préexistants, la troisième faisant appel à une multitude d'autres corps, dont certains issus d'un troi- sième ministère.

La principale difficulté est la suivante : comment gérer les recrutements et les processus de mobilité pour l'ensemble de cette nouvelle direction régionale ?

- Qui sont les clients ? Le chef du service et chacun des agents intéressés par une mobilité.

- Qu'attendent-ils ? Les agents : une affectation conforme à leur souhait, dans le cadre de leur parcours professionnel. Le chef du service : dans un premier temps, pourvoir les postes vacants, en veillant à ce que les aspirations des gens correspondent au mieux aux besoins du service.

À l'expérience, il apparaît que le fonctionnement initial génère de nombreux dysfonctionnements : certains postes restent longtemps vacants quand d'autres sont pourvus rapidement ; vu la multiplicité des gestionnaires de corps et la complexité des circuits d'information, de nombreuses erreurs apparaissent à tous les niveaux ; les calendriers de mobilité ne sont pas cohérents entre eux ; certaines règles de gestion contraignent certains viviers, etc.

La démarche qualité conduit alors à se réinterroger sur les besoins des clients et sur la façon de les traduire :

- Les agents : leurs attentes restent les mêmes, dans un contexte où ils pâtissent comme tout le monde des dysfonctionnements évoqués (candidatures – et concurrence – sur plusieurs circulaires décalées dans le temps, postes intéressants non publiés en dépit de la décision de le faire, refus d'affectation *in fine*, après la CAP du fait des blocages liés à certaines règles de gestion, etc.). « Ceux qui restent » souffrent tout autant des postes qui restent vacants, alors qu'ils devaient être pourvus.

- Le chef du service : les vacances structurelles occasionnent de la perte de compétence et rendent impossible l'atteinte d'objectifs quantitatifs ; les dysfonctionnements induisent une compétition entre les différentes entités, avec le sentiment de certains d'être mal traités, etc.

Deux indicateurs deviennent prioritaires :

- le taux de vacance par entité, afin de garantir l'équité entre les différentes entités du service. Ce taux sera utile pour choisir les postes à publier en priorité ;

- le « zéro défaut » dans la mise en œuvre de la procédure, qui entraîne la nécessité de prévoir des contrôles croisés à plusieurs stades. Cet indicateur facile à mesurer occasionnera un retour d'expérience à partir de tout dysfonctionnement et rassurera progressivement chaque agent de l'équité du processus global.

Naturellement, les démarches qualité sont un outil de management irremplaçable dans les situations intermédiaires où, sans l'état de nécessité induit par des réformes exogènes, on peut estimer indispensable d'adapter fortement l'organisation et les façons de faire, en réponse à un diagnostic de dysfonctionnement lourd. L'objectivation que permet ce genre de démarche peut la rendre utile et adaptable à chaque situation.

Une nécessité : le choix équilibré des priorités. Les services publics s'investissent souvent dans la mise en œuvre de politiques. Cette pratique, qui se focalise souvent sur des enjeux de long terme, fait parfois perdre de vue l'importance d'enjeux plus pragmatiques, de court terme. Ainsi, tant le choix de la cartographie que des priorités de la démarche doivent parfois privilégier des sujets simples et basiques (*quick wins*) au détriment des processus de conception ou des processus métier, même si, dans la durée, c'est bien l'investissement sur ces processus-là qui paiera le plus. Dans le public comme dans le privé, beaucoup d'organismes ont appris que des gains rapides étaient de nature à induire une dynamique de progrès, qui facilite d'autant la poursuite de la démarche et l'appréhension d'enjeux plus complexes, dans la foulée des progrès simples de la démarche initiale.

La gestion du courrier, d'un intranet, l'optimisation de l'accueil des tiers, etc., sont souvent des processus qui ne nécessitent pas des investissements majeurs et qui réduisent très rapidement des dysfonctionnements souvent usants, s'ils se pérennisent. Même si la plupart des agents les considèrent comme des processus annexes et peu gratifiants, les inclure dans les priorités à traiter est bien souvent incontournable.

Il faut construire un calendrier de déploiement cohérent, entre de l'amélioration continue rapide et une démarche stratégique qui se projette sur le long terme : dans la durée, seule une appropriation la plus large possible de la démarche garantira sa pérennité et son efficacité. Entrer dans la démarche par une approche conceptuelle et globale est probablement le plus sûr moyen de susciter un large rejet de cet « objet non identifié ». Il faut donc composer la démarche d'un ensemble d'outils, de décisions, etc., qui permettent à la totalité de la ligne hiérarchique d'y adhérer progressivement. Mais à l'inverse, si cet ensemble n'est pas conçu dans un tout cohérent, dans une logique de projet global, avec une perspective de long terme, le risque est grand d'une appropriation à géométrie variable, voire de faire perdre à la démarche sa fonction stratégique. À quoi bon faire progresser un service ou un processus si une autre entité, chargée d'un *input* important, devient par la suite la principale cause de dysfonctionnement du service tiers ou du processus considéré ?

Il est donc important, dès le début de la démarche, d'avoir en tête l'ensemble des briques qui constitueront la démarche à la fin, de les créer une à une, chacune avec son calendrier propre, puis de consolider l'ensemble dans un calendrier cohérent... sans nécessairement que l'ensemble en soit totalement explicité dès le départ ! C'est donc bien une organisation de projet qui doit être mise en place, avec une communication adaptée à chaque étape. Ainsi, pour chaque agent, cette communication doit peu à peu lui expliquer ce qui est attendu de façon rapide, très concrètement, mais aussi en quoi une démarche qualité n'est pas qu'une simple démarche supplémentaire aux procédures existantes, mais bien un changement de posture et d'attitude au quotidien. Dans certains cas, le message passera naturellement. Dans d'autres, un investissement plus ciblé peut être nécessaire, tant une démarche qualité ne va jamais de soi dans des services qui n'en ont jamais pratiqué auparavant.

Faites une cartographie de vos processus

Si la mise en place de démarches qualité doit se focaliser sur les principaux dysfonctionnements recensés afin d'amener chaque agent à s'y investir et à en comprendre l'intérêt, le cas échéant, en ne la développant que sur quelques processus, le rôle d'un chef de service – puis de son état-major – est d'anticiper le plus tôt possible en quoi sa démarche qualité va servir la stratégie de son service. La force des ressorts structurels dans l'administration rend cette prise de conscience, dès le départ, absolument essentielle.

Les cartographies de processus traduisent – voire trahissent – d'une façon implacable la volonté stratégique des responsables de la structure concernée. Si les cartographies des démarches qualité globales sont structurées désormais de façon assez similaire selon la norme ISO 9001 (processus de management, de réalisation, support, écoute-amélioration continue), une cartographie de processus est, en soi, un outil de représentation lisible du fonctionnement du service. À géométrie variable, elle conduit à opérer des choix sur les processus à traiter prioritairement pour améliorer la performance. Bien faite et bien conçue, elle donne une vision d'ensemble sur la « boîte noire », mais elle révèle aussi, explicitement ou implicitement, des choix stratégiques en termes de « priorités », « dysfonctionnements » et mode de management (l'oubli du pilotage, des processus très cloisonnés, les déséquilibres flagrants, etc.).

Deux conseils pour simplifier son travail de cartographie

- Adapter les outils au besoin du moment : contrairement à l'image qu'ont pu donner les premières démarches qualité, tout en formalisme et en rigidité, les démarches qualité qui s'appuient sur la norme ISO 9001 laissent à leur promoteur une très grande initiative et une très grande marge de choix, tant en matière de périmètre, que de modalités de mise en œuvre.

Une première tentation serait de concevoir sa démarche et sa cartographie comme un jardin à la française : c'est une erreur. Deux leitmotiv doivent revenir : traiter en priorité les processus les plus importants – notamment pour permettre au maximum d'agents de s'y reconnaître – et traiter les dysfonctionnements les plus lourds pour la qualité globale du service. S'il ne serait pas très prudent de laisser trop longtemps hors de la cartographie un processus important qui fonctionne bien, le choix des priorités de la démarche, dans un contexte de moyen limité, peut parfaitement, au moins au départ, ne se focaliser que sur les enjeux réellement stratégiques pour le fonctionnement de la structure. C'est bien la raison pour laquelle le choix de la cartographie est essentiel.

- N'écrire que ce qui est nécessaire et utile : la pratique des procédures conduit le plus souvent à l'exhaustivité. Dans la démarche qualité, ce qui importe, c'est la traduction *a minima* de ce qui compte le plus pour la satisfaction des attentes du client. Ensuite, des procédures et des modes opératoires peuvent apparaître utiles pour indiquer à chacun la bonne façon de faire. Mais il est important que chacun ait avant tout une bonne compréhension du processus, quitte à prendre quelques libertés dans les modalités de sa mise en œuvre.

Le plus important est certainement le travail qui conduit à l'élaboration de la cartographie, entre concept et pragmatisme, le temps d'échange et la confrontation des visions au sein de la structure. C'est notamment à l'occasion de ces débats que ressortent les interfaces importantes qui permettront à toutes les entités de la structure de connaître les préoccupations des autres et de mesurer celles avec lesquelles il sera le plus important de travailler de façon fluide, le cas échéant en en délaissant ou en négligeant d'autres. Face à une alternative possible, la question centrale à se poser est : quel est la nature du processus ? Comment le faire évoluer au mieux rapidement ? Avec quels autres processus les interfaces doivent être les plus efficaces ? En corollaire, la mise en œuvre d'une démarche qualité, et notamment l'élaboration de sa carto-graphie, permet d'identifier les principaux enjeux de transversalité et de les traiter « dans l'ordre » : toutes les « connexions » ne sont pas nécessaires. Par contre, certaines sont cruciales pour le bon fonctionne-ment du système global.

La gestion de l'information est-elle un processus support ou un processus de réalisation ?

Une question revient souvent : dans quelle case doit-on mettre un processus ? Apparem-ment anodine, voire indifférente, la réponse à une telle question n'est jamais neutre. Par exemple, elle est souvent posée pour la communication ou la gestion de crise : la communication est-elle un processus de management ou support ? La gestion de crise est-elle un processus de management ou de réalisation ? La gestion de l'information est-elle un processus support ou un processus de réalisation ?

Il peut y avoir des réponses théoriques et pratiques à ces questions, pas nécessairement convergentes :

- Si on n'envisage la communication qu'en accompagnement de la structure, un statut de fonction support devrait suffire ; si la communication doit être au cœur de la stra-tégie, ne serait-ce que pour forger une nouvelle image, en interne ou en externe, elle doit être traitée comme un processus de management. Dans certains cas, en pratique, elle peut avoir les deux statuts : pour certains projets, la communication est un outil en accompagnement du projet. Si l'image du service est stabilisée, on se contentera le plus souvent d'un statut de fonction support. Si le service vit une restructuration profonde, la communication est au service de la stratégie et du management.

- La gestion de crise connaît toujours un statut spécifique, selon la structure dans laquelle elle s'exerce : si elle n'est nécessaire que sur certains processus, elle n'a pas besoin de faire l'objet d'un processus à part ; si elle peut les concerner tous, il peut s'agir d'un processus de réalisation spécifique, tout en veillant à gérer la crise dans la continuité du fonctionnement normal ; si les crises sont au cœur du fonctionnement du service et sont susceptibles d'altérer fondamentalement son efficacité et son image, pas d'hésitation : le processus correspondant à sa place comme processus de management et l'organisation du service doivent en tenir compte pleinement.

- Le cas de la gestion de l'information présente un intérêt encore plus marqué dans les services publics : souvent, elle n'était considérée dans certains services que comme une fonction support. On s'assure juste que le courrier circule bien, que les agents disposent des outils bureautiques nécessaires et que les flux fonctionnent. Bref, de la plomberie de qualité ! De plus en plus, les systèmes d'information s'ouvrent vers l'extérieur, que ce soit *via* des sites Internet au service du public ou des sites extranet pour faciliter le travail en partenariat. Les sites intranet dynamiques se développent. L'interactivité aussi. Comme cela a déjà été développé dans les chapitres précédents, l'information devient la matière première essentielle au bon fonctionnement de toutes les entités. Là aussi, selon le cas, cela pourra être un processus à part, en accompagnement des processus de réalisation, ou un volet spécifique de chaque processus de réalisation. Ce sera certainement de moins en moins un processus support…

L'élaboration de la cartographie des processus est aussi le moment pour partager une vision commune du service, des clients et des niveaux de qualité attendus, ce qui permet aussi de comprendre en quoi il peut exister des attentes différentes selon le type de services rendus. Bref, l'élaboration de la cartographie est un moment clé pour que l'état-major prenne du recul non seulement par rapport à sa propre entité, mais au-delà, par rapport à l'ensemble du service auquel on appartient. C'est donc un élément important d'acculturation collective.

Les visions de départ ont un impact important et ne doivent pas être ignorées : on n'approche pas une cartographie de la même façon selon qu'on est dans une structure stabilisée avec une démarche existante ou dans un contexte de réforme lourde de fusion. Il serait largement contre-productif de révolutionner une cartographie existante dans une structure stable. À l'inverse, en phase de mutation, caler sa cartographie trop servilement sur les cartographies antérieures peut faire courir le risque de rendre la nouvelle organisation inopérante, d'où l'importance de lier la cartographie à la stratégie du service.

Ce qui saute aux yeux dans la lecture d'une cartographie, ce que « lisent » les auditeurs qualité

- L'oubli de la « stratégie » : habituées à rouler sur des rails rectilignes et à répondre aux instructions d'en haut, certaines cartographies se focalisent sur l'opérationnel et les procédures. La stratégie n'apparaît nulle part. Il n'y en a donc pas !

- Les cloisonnements : la verticalité historique des administrations les a conduites inconsciemment à entretenir des cloisonnements, y compris dans leur fonctionnement interne. Du coup, à chaque entité son processus : ni plus, ni moins. Il ne faudra pas s'étonner après que chacun travaille dans son coin et que les incohérences sautent aux yeux des partenaires externes.

- Les déséquilibres flagrants : dans la mesure du possible, une cartographie se doit d'impliquer le maximum d'agents, en veillant en particulier à ce que les processus les plus importants dans la vie du service fassent bien partie du périmètre. Si un des produits phare du service n'y figure pas, une alerte s'allume : le plus souvent, l'entité ainsi exonérée raisonne à l'ancienne (« On fonctionne déjà bien. », « On ne peut pas mettre notre activité en boîte. », « Ce qu'on fait est trop spécifique. », etc.). Raison de plus pour se poser la question de savoir si cette exonération est pleinement justifiée... et repasser le service au filtre de la norme, avant de valider définitivement un tel choix !

- Des processus répartis dans les « mauvaises boîtes » : on fait référence ici aux exemples développés dans l'encadré précédent. Considérer la gestion de l'information comme une fonction support est certainement une grave erreur, si le service a l'ambition de développer des services avec certains clients *via* Internet (par exemple, le suivi de la mise en œuvre d'une procédure administrative).

La certification de processus ciblés est le cas d'application le plus simple. On se propose, dans la suite de ce chapitre de développer un peu plus le cas des démarches globales.

Au sommet de la pyramide sont généralement mentionnés des « processus de management » : généralement un processus de pilotage, et parfois des processus de communication et de gestion de crise. Les intitulés et découpages peuvent être différents selon les structures, mais quelques « constantes » s'imposent. Le pilotage comporte deux dimensions bien explicites : stratégique pour le moyen terme, opérationnel pour le fonctionnement annuel. D'ailleurs, le déploiement progressif de la LOLF aidera probablement les administrations à se caler sur une pluriannualité à trois ans, au-delà du rythme annuel des dépenses budgétaires.

Ce sont aussi ces processus qui doivent, dès le départ, étudier finement et planifier l'objet, les modalités et le rythme des réunions périodiques : comité de direction, réunions qualité, autres types de réunions sur les projets les plus importants, etc. Cette planification permet d'optimiser la sollicitation des différents participants. Il est important que cet agenda soit bien calé sur la stratégie du service et pas au fil de l'eau selon les besoins du moment. Il est également important de concevoir qu'il n'y a pas « le comité de direction » et « le reste du monde ». Le comité de direction, quel que soit son périmètre, n'a pas vocation à connaître tout, tout le temps. Ce sont bien des modalités de pilotage à géométrie variable qui doivent répondre au mieux aux besoins du service. Idéalement, l'organigramme découle des objectifs stratégiques et mérite des adaptations en fonction de leurs évolutions.

Passez des procédures administratives aux processus métier

Viennent ensuite les « processus métier » ou « de réalisation ». Dans les services publics, ce sont ceux qui sont le plus souvent assimilés aux « procédures administratives ». C'est d'ailleurs bien la difficulté principale d'une démarche qualité par les processus que de conduire progressivement à faire comprendre en quoi la cartographie envisagée ne doit pas être qu'une cartographie de procédures…

Généralement, les procédures rodées sont reprises telles quelles. En fonctionnement de routine, c'est naturel et efficace. Il faut néanmoins commencer à se poser des questions si elles connaissent des dysfonctionnements importants ou si le métier va connaître une forte mutation – par exemple, sous l'effet d'innovations législatives ou réglementaires. Dans de tels cas, il pourra y avoir intérêt à remettre en cause leur périmètre et leurs interfaces, voire à les abandonner pour un processus plus adapté. Ce genre de décision peut même être justifié si on perçoit que le maintien d'un processus sur le périmètre d'une vieille procédure risque d'être un obstacle à son amélioration.

En fait, au-delà de la stratégie du service, c'est également l'analyse des dysfonctionnements réels ou anticipés qui doit conduire à privilégier une cartographie et un périmètre plutôt que d'autres. Comme les métiers constituent le cœur de l'activité des services, c'est bien dans ce domaine que les choix qui seront faits seront les plus cruciaux.

Passez des fonctions support à des prestations de service

Alternativement, ce sont parfois les « processus support » qui apparaissent dans la continuité des processus de management. C'est comme cela qu'est couramment désigné un ensemble de fonctions dans les services publics, qui balayent très largement, de la gestion des ressources humaines aux fonctions logistiques, en intégrant la gestion de l'information. C'est probablement une erreur, tant leur diversité et leur complexité justifieraient des traitements adaptés et spécifiques dans un esprit particulièrement attentif aux différents types de clients. En outre, dans un service public, encore plus que dans une entreprise des secteurs secondaires ou tertiaires, la gestion des compétences, aussi bien que de l'information, et leur mise en réseau constituent le cœur de la valeur ajoutée. Dans ces conditions, la définition du périmètre du processus support mérite une précaution particulière : loin de gérer ensemble des moyens indifférenciés, un processus support dans les services publics doit traiter très spécifiquement et avec la plus grande vigilance ce qui touche aux compétences et à l'information.

La Revue générale des politiques publiques conduit peu à peu à la mutualisation de certaines de ces fonctions au sein de centres ou « plates-formes », au service de plusieurs entités différentes. Dans un tel contexte, une démarche qualité au service de multiples clients prend tout son sens. Elle conduit en outre à redéfinir explicitement les attentes des différents clients. On pourrait même recommander, de façon systématique, que toute réforme de mutualisation soit accompagnée, de façon automatique, de la mise en place de démarches qualité attachées à chaque processus mutualisé : parfois vécue comme une « perte de pouvoir », l'assurance de recevoir, en contrepartie, une qualité de service spécifiquement adaptée à ses besoins peut alors présenter l'avantage de bénéficier d'un service, sans nécessairement en porter les contraintes.

> ### Le réengineering d'un processus « marchés publics »
>
> Dans une administration régionale, une unité dédiée s'assure de la validité des marchés publics préparés par plusieurs services. De nombreux dysfonctionnements sont constatés : pointillisme des avis, durée de traitement des dossiers soumis au taux de présence au sein de l'unité, très féminine – et donc connaissant de temps à autre des congés maternité –, débats incessants sur les responsabilités de chaque service, etc.
>
> Fort logiquement, tous les clients, internes et externes sont mécontents : les délais s'allongent et s'accumulent ; compte tenu du détail des avis, les services clients sont agacés car ils se sentent liés et ont une forte envie de passer outre ; tous ont un sentiment d'impuissance pour faire évoluer les choses favorablement… La prestation est tellement critiquée qu'un des clients envisage sérieusement de réinternaliser cette fonction.
>
> L'ensemble du processus est repris. Tous les clients sont réinterrogés sur leurs attentes : délai moyen, procédure d'urgence, attente sur le contenu, outils de suivi, modalités d'arbitrage, etc. Le nouveau processus est construit en dialogue étroit avec tous les clients : la version finale est validée de façon consensuelle avec eux.
>
> Du coup, l'unité ne traite plus les dossiers en *first in, first out*, les dossiers sont suivis globalement, dans une logique de délais moyens, en traitant plus rapidement ceux fléchés par les clients, une traçabilité intégrale est assurée, un point régulier est réalisé avec les clients, avec diffusion de tableau de suivi… Le chef du service est mis dans la boucle, en cas de besoin d'arbitrage à son niveau. Après plusieurs mois de pratique, une écoute clients globale est réalisée régulièrement : elle démontre que les relations sont globalement apaisées, qu'il n'y a plus de débat sur qui doit faire quoi. Ponctuellement, un dossier soulève une réaction plus vive et critique : un échange spécifique avec le client est réalisé pour recaler ses attentes.

Une démarche qualité est l'occasion de mettre en évidence les valeurs du service public

De plus en plus, le management moderne porte son attention sur les valeurs. Les services publics avaient coutume de l'oublier, tant leurs valeurs se sont consolidées progressivement et implicitement dans le temps.

À l'heure où la plupart des institutions et des services se réforment, le travail sur les valeurs redevient nécessaire : plus que dans le secteur privé, les services publics ont besoin de systèmes de valeurs, que ce soit pour leurs propres agents ou pour la lisibilité de leur action vis-à-vis de l'extérieur. *A fortiori*, dans des périodes de réformes structurelles, c'est la transition entre deux systèmes de valeurs qu'il est nécessaire d'organiser. La mise en commun de valeurs différentes, voire contradictoires, peut conduire à de nombreux dysfonctionnements, qu'il est nécessaire de traiter le plus tôt possible, au risque de laisser perdurer des tensions et de la non-qualité durables.

Le nouveau système de valeurs a vocation à apporter à tous un nouveau référentiel garantissant aux agents une nouvelle éthique, explicitant une nouvelle posture, permettant ainsi aux partenaires extérieurs d'identifier rapidement la nouvelle philosophie de l'organisme avec lequel ils travaillent, permettant aussi de donner des repères à tous ceux qui auraient envie de le rejoindre. Il s'agit également d'un enjeu d'attractivité : on oublie trop souvent que le recrutement dans des services administratifs est finalement en compétition, entre de nombreux services, mais aussi entre plusieurs fonctions publiques – nonobstant les règles de gestion de corps –, voire avec le secteur privé. L'une des principales motivations des agents dans un service public reste, devant les autres critères, l'intérêt pour le poste et les valeurs qu'il porte, la fierté de porter un « morceau de l'intérêt général ».

Ce système de valeurs, lorsqu'il existe, s'impose alors naturellement comme une évidence, au quotidien. Sans effort particulier, ces valeurs se diffusent dans les processus de la démarche qualité et créent alors une sorte de constitution pour la démarche et pour le manuel qualité.

Plusieurs méthodes existent pour construire ce système de valeurs, entre les démarches *top down* et les démarches *bottom up*. Plus que le reste de la démarche, c'est bien chacun des agents de la structure qui doit se l'approprier et se sentir à l'aise avec. C'est l'ensemble du système qui constitue le nouveau dénominateur commun et un nouveau sentiment d'appartenance à une structure nouvellement créée.

Outre des valeurs à usage externe, clairement explicitées vis-à-vis de l'extérieur et de l'intérieur, il peut être également opportun d'identifier des valeurs internes, qui relèvent plus de l'éthique individuelle et des règles comportementales nécessaires à une nouvelle « vie en commun ». Lorsque des agents proviennent de structures différentes, aux fondements culturels variés, puis, au fur et à mesure, lorsque des agents rejoignent une structure nouvelle, il est important de pouvoir s'approprier rapidement ce nouveau système de valeurs, tant externes qu'internes, pour faciliter une intégration rapide. Le management de la structure peut ainsi s'appuyer sur des fondements explicites.

Les valeurs de l'Autorité de sûreté nucléaire (ASN)

Créée par la loi sur la transparence et la sûreté nucléaires de juin 2006, l'Autorité de sûreté nucléaire est une autorité administrative indépendante d'un nouveau genre dans le système administratif français.

Même si elle hérite d'une longue histoire, au cours de laquelle un petit service du ministère de l'Industrie s'est progressivement transformé en une direction générale placée sous l'autorité de trois ministères, s'appuyant également sur des divisions implantées dans les régions, il fallait à la fois marquer la différence de cette nouvelle Autorité, par rapport à son statut précédent, tout en donnant à ses agents – les mêmes pour la plupart – un nouveau référentiel de valeurs indiscutables.

Dès sa création, l'ASN a affirmé quatre valeurs fondatrices : Compétence, Indépendance, Rigueur, Transparence. C'est une affirmation par le haut, spontanément partagée par tous lors de la première convention de l'ASN. Discipline ô combien technique, la Compétence est le bagage de base. L'affirmation de l'Indépendance s'impose, justement du fait de son nouveau statut. La Rigueur est nécessaire pour rassurer le public. La Transparence découle de la loi qui la crée et représente une des attentes fortes de la population vis-à-vis du secteur nucléaire, perçu comme largement consanguin historiquement.

Il suffit de jeter un œil sur le site Internet de l'ASN pour comprendre le statut de ces valeurs : elles figurent en première page de ses plans stratégiques, comme autant de clés de voûte de l'édifice.

Conclusion

EXIGENCE : SERVICE PUBLIC

La puissance publique a une place première dans la société française – c'est de sa compétence, de son efficacité, de son dynamisme, de son mouvement que dépend pour partie importante la capacité d'évolution du pays, dans son économie et ses relations sociales, voire plus généralement dans sa vision collective, encore plus dans un contexte de globalisation où le pays se retrouve, qu'il le veuille ou non, en compétition avec les autres pays du monde entier.

Les managers publics ne sont qu'une composante de cette puissance publique, qui est d'abord sous l'impulsion des orientations politiques nationales, européennes ou locales. Il ne leur incombe pas à eux seuls la responsabilité de réussir sa transformation. Mais leur rôle est majeur, aujourd'hui et demain, plus encore qu'hier.

D'abord, parce que la réussite des réformes est une question de sens, de définition d'orientations, de valeurs de service public. Ce sont les managers publics qui doivent être à l'initiative dans ce domaine, pour expliciter et partager avec leurs agents le sens des évolutions, et pour donner à leurs responsables politiques les éléments concrets permettant d'aller plus vite dans l'adaptation des missions de service public.

Et aussi, parce que la réussite est une question de méthode. De bonne association des équipes, de développement des compétences, d'explicitation de règles du jeu, de communication au quotidien... Ici aussi, ce sont les managers publics qui sont à l'initiative et, souvent, aux manettes.

Bien sûr, ils devront être soutenus et accompagnés par leur environnement – élus, mais aussi parties prenantes aussi variées que les entreprises et le monde associatif – dans une définition lucide du service public de demain, dans les résultats qui lui incombent comme dans les missions qui ne seront plus de son ressort, dans les modes de faire du service public dans une société ouverte sur le monde. C'est une question de reconnaissance, de crédibilité et d'avenir de la société tout entière.

Index

150 Manager public

G

génération Y 12, 52, 67, 69
gestion du temps 35, 61, 83
grille Arobase 27

H

hiérarchie 20

L

logistique 79, 81, 84
LOLF (Loi organique relative aux lois de finances) 85, 87, 89, 113

M

méthode 57
modernisation 109
motivation 19, 21, 26, 27, 145
moyens
réduction des 11, 86, 131

O

objectifs 39, 70, 98, 101, 102, 103, 110, 132
définition des 100
ordre du jour 58
organisation 28
du travail 76, 79

P

PAP (Projets annuels de performance) 89, 113
plan d'action 16, 58, 59, 101
points hebdomadaires 42

politiques publiques 94, 126
Revue générale des (RGPP) 94, 95, 143
polyvalence 70, 72, 73, 75
priorité 11, 136
procédure 127, 129, 142

R

relation 27
d'échange 30
de négociation 30
hiérarchique 3, 17, 30
managériale 11
rencontres individuelles 34
responsabilités 37, 39, 71, 78, 82
responsable 10, 11, 18, 36, 99, 112
réunion 48, 49, 61
de crise 34
de définitions d'objectifs 100
de service 42, 48, 51, 57, 58, 60, 61, 78
de suivi 42
mensuelle 42

S

salaire 28
sens 56, 94
collectif 52
service public 52, 144, 147

T

tableaux de bord 42, 78
travail
charge de 4, 73
surcharge de 5, 36

© Groupe Eyrolles

Table des matières

© Groupe Eyrolles

Sous la direction de Stéphanie Brouard

Manager
au quotidien

Les attitudes et comportements
du manager efficace

Fiches outils | Autodiagnostics | Tableaux de bord

EFE
ÉDITION FORMATION
ENTREPRISE

EYROLLES

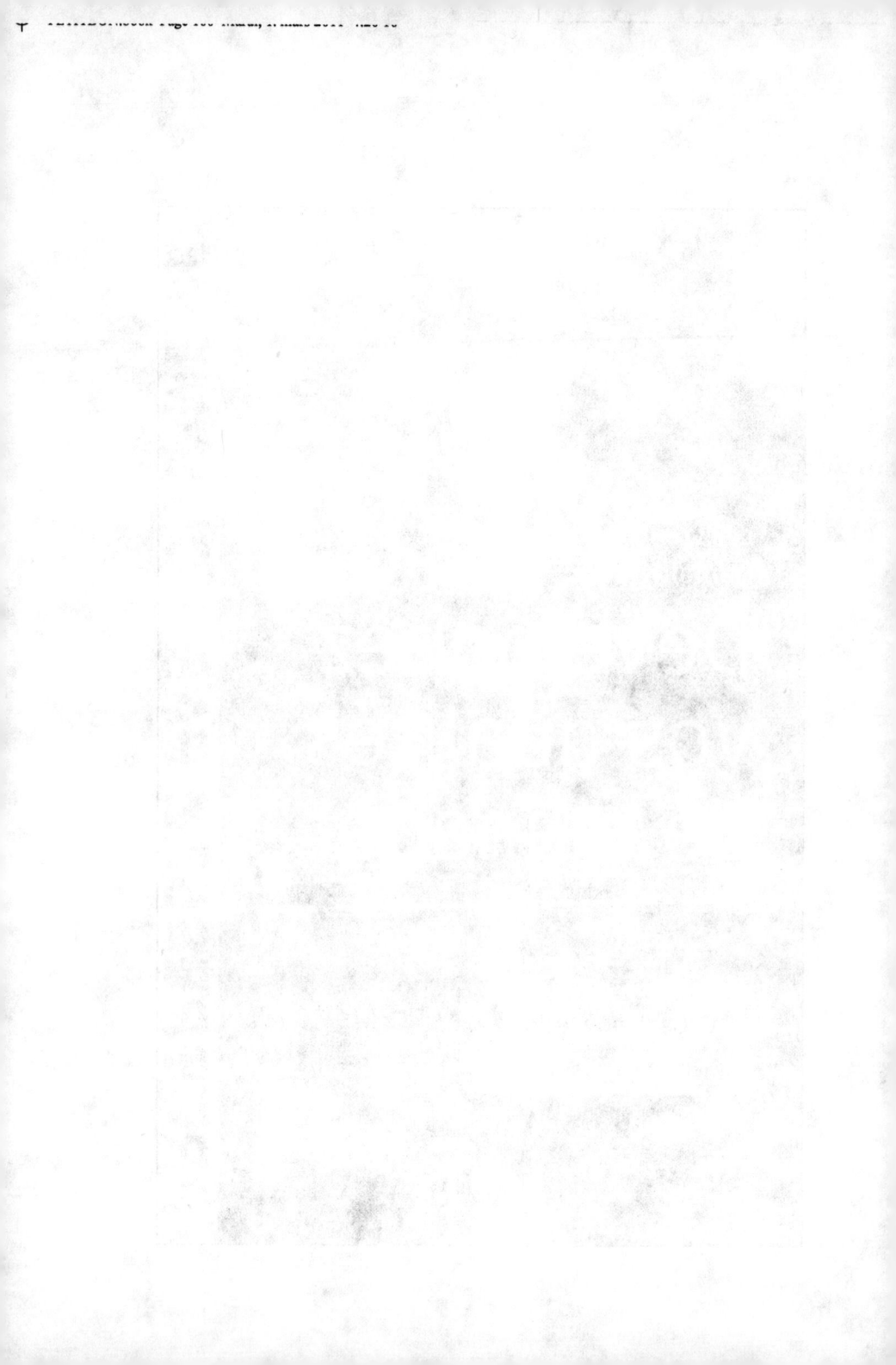

www.ingramcontent.com/pod-product-compliance
Lightning Source LLC
Chambersburg PA
CBHW052108230326
41599CB00054B/4922